CROIRE ET OSER

Chronique de Sarajevo

GÉNÉRAL PHILIPPE MORILLON

CROIRE ET OSER

Chronique de Sarajevo

BERNARD GRASSET
PARIS

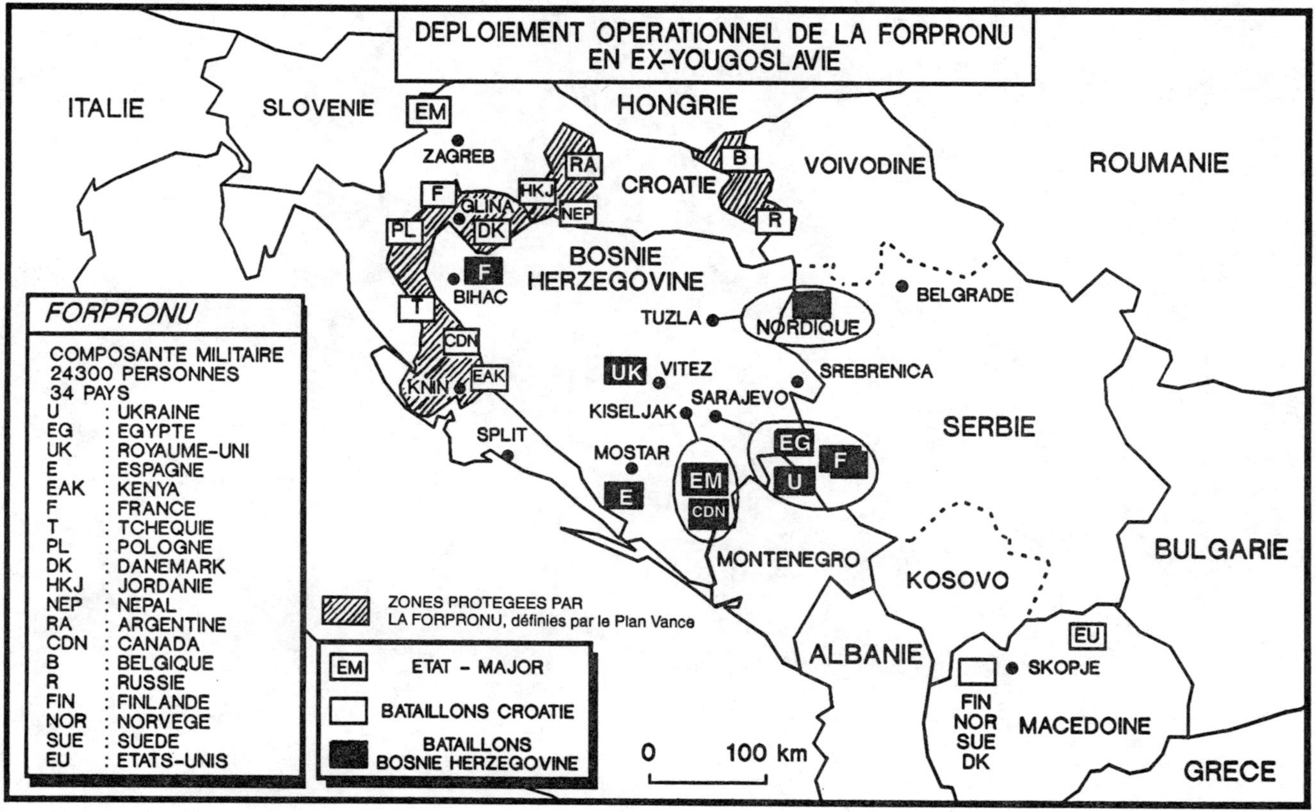
DEPLOIEMENT OPERATIONNEL DE LA FORPRONU
EN EX-YOUGOSLAVIE
ITALIE
SLOVENIE
HONGRIE
ROUMANIE
VOIVODINE
CROATIE
BOSNIE HERZEGOVINE
SERBIE
BULGARIE
KOSOVO
MONTENEGRO
ALBANIE
MACEDOINE
GRECE
ZAGREB
GLINA
BIHAC
KNIN
SPLIT
TUZLA
VITEZ
KISELJAK
SARAJEVO
MOSTAR
SREBRENICA
BELGRADE
SKOPJE
NORDIQUE
EM
F
PL
T
CDN
EAK
DK
HKJ
RA
NEP
B
R
UK
E
EG
U
EU
FIN
NOR
SUE
DK
FORPRONU
COMPOSANTE MILITAIRE
24300 PERSONNES
34 PAYS
U : UKRAINE
EG : EGYPTE
UK : ROYAUME-UNI
E : ESPAGNE
EAK : KENYA
F : FRANCE
T : TCHEQUIE
PL : POLOGNE
DK : DANEMARK
HKJ : JORDANIE
NEP : NEPAL
RA : ARGENTINE
CDN : CANADA
B : BELGIQUE
R : RUSSIE
FIN : FINLANDE
NOR : NORVEGE
SUE : SUEDE
EU : ETATS-UNIS
ZONES PROTEGEES PAR LA FORPRONU, définies par le Plan Vance
EM ETAT - MAJOR
BATAILLONS CROATIE
BATAILLONS BOSNIE HERZEGOVINE
0 100 km

J'ai commencé ce livre à Srebrenica, le 15 mai 1993.

Entre un raid sur Zvornik pour faire passer le premier convoi d'aide humanitaire et un déplacement à Belgrade pour arracher les accords nécessaires à la survie des 50 000 habitants de cette ville de Bosnie, j'ai passé là quelques-uns des jours les plus tranquilles de mes seize mois de présence dans l'ex-Yougoslavie.

A l'exception de quelques aller et retour quotidiens sur les lignes de front pour y conserver le contact avec les chefs locaux ou les représentants de l'état-major de l'armée des Serbes de Bosnie, j'ai, pour la première fois, trouvé pendant plusieurs jours le temps de m'asseoir, de réfléchir et donc d'écrire.

L'aventure méritait d'être racontée pour mes petits-enfants auxquels je souhaitais livrer mon témoignage des souffrances infligées par une idéologie folle à des habitants rudes et courageux. Je voulais aussi que ce soit pour eux une leçon d'espoir.

Je rédigeai ainsi une cinquantaine de pages et j'eus l'imprudence de le dire par radio à un journaliste qui m'interrogeait sur la façon dont j'occupais mes journées. La nouvelle se sut. A mon retour en France certains de mes proches demandèrent à lire ces premiers feuillets. Ils me persuadèrent qu'il fallait leur donner une suite sans attendre.

D'où cette chronique qui ne révélera aucun secret d'Etat, je n'en aurais pas le droit, mais qui tentera de faire comprendre ce pourquoi plus de 15 000 soldats des Nations Unies ont servi et souffert sous mes ordres au sein de la Force de protection des Nations Unies en Bosnie-Herzégovine. Ce livre leur est dédié.

Chapitre I

LES ACTEURS

Le 3 mars 1992, j'arrive au palais des Nations Unies à New York, après plusieurs mois d'étude de l'opération qui va démarrer sur le territoire de l'ancienne Yougoslavie.

Chef d'état-major de la Ire Armée, je dirige depuis le mois de juillet 1991 les travaux français de planification d'une éventuelle intervention militaire et je commande les observateurs français déployés depuis septembre 1991 dans le cadre de la mission d'observation de la Communauté européenne. Ainsi ai-je suivi au jour le jour le développement de la crise dans ce pays que je crois commencer à bien connaître.

La Fédération yougoslave regroupant les républiques de Slovénie, Croatie, Bosnie-Herzégovine, Serbie, Monténégro et Macédoine fut créée en 1945 par le maréchal Tito pour faire cesser les querelles ethniques réapparues avec une particulière violence pendant la Seconde Guerre mondiale. Après la mort de Tito, en 1980, le flottement intervenu à la tête de l'Etat a permis le réveil des nationalismes et la résurgence de l'expression publique des antagonismes raciaux.

L'échec d'un congrès extraordinaire du Parti communiste yougoslave en 1989 et les premières élections libres, organisées en 1990, permettent la victoire des nationalistes indépendantistes en Slovénie et en Croatie, alors qu'en Serbie et au Monténégro la ligne dure du Parti, sous la direction du président Slobodan Milosevic, se maintenait au pouvoir mais, là encore, sur un programme nationaliste.

En juin 1991, les Slovènes et les Croates proclament leur séparation de l'Etat yougoslave, tandis que les Macédoniens et les Bosniaques font savoir qu'ils seraient favorables à un Etat confédéral. La Fédération yougoslave riposte aux déclarations slovènes et croates en engageant l'armée fédérale sur le territoire de ces deux républiques.

Cette intervention se solde rapidement par un échec en Slovénie dont la population s'oppose unanimement à l'armée fédérale. En Croatie, en revanche, cette armée recoit le soutien et le renfort d'importantes minorités serbes, présentes dans les provinces de Krajina et de Slavonie. Elle y établit progressivement son contrôle après de terribles combats couronnés, en novembre 1991, par le siège et la destruction totale de Vukovar. En décembre 1991, les Serbes de Croatie proclament la «république autonome serbe de Krajina» avec pour capitale Knin.

En janvier 1992, Cyrus Vance, envoyé spécial des Nations Unies, obtient un accord aux termes duquel les forces des Nations Unies seront déployées sur les territoires croates occupés par les Serbes.

Il s'agit d'abord de la Slavonie orientale mitoyenne de la Hongrie au nord et de la Bosnie au sud, séparée de la Serbie par le Danube. La France propose d'y déployer un bataillon en raison de ses excellentes relations diplomatiques avec Budapest mais les Serbes, inquiets de cette bonne entente et à cause des problèmes qui pourraient se poser avec les minorités hongroises de la Vojvodine voisine, indiquent qu'ils ne souhaitent pas la présence des troupes françaises à cet endroit. L'ONU accepte l'argument et retient un déploiement belge au nord, et russe au sud de la zone.

En Slavonie occidentale autour de Daruvar et d'Osijek, sur un territoire coupé en deux par la ligne de front, seront stationnés Argentins, Canadiens, Jordaniens et Népalais.

En Krajina enfin, sur le terrain d'où est partie la révolte serbe, on trouvera au nord Danois, Nigériens et Polonais, au sud Français, Kenyans et Tchécoslovaques.

Au total donc 12 bataillons d'infanterie soutenus par un gros bataillon logistique français qu'il est prévu d'installer à Banja Luka en Bosnie-Herzégovine. Le rôle de ces hommes sera de se déployer au long des lignes de front pour y consolider le cessez-le-feu, de contrôler ensuite le retrait de l'armée fédérale et la démilitarisation progressive des zones qui seront alors «protégées» en attendant un règlement politique ultérieur.

Ils doivent également préparer et favoriser le retour des réfugiés chassés de la zone des combats ou qui l'ont fuie avec l'espoir d'y revenir.

Pour commander cette force, un état-major de 4 à 500 personnes dont les plus importantes ont été convoquées à New York au siège des Nations Unies, ce 3 mars 1992, pour une session d'études de quatre jours avant de partir en éléments précurseurs sur le théâtre des opérations. Cette mission offrant un poste à un officier général de mon grade, l'amiral Lanxade, chef d'état-major général des armées françaises, m'ayant fait l'honneur de me désigner, je n'avais eu le temps que de boucler deux valises et de dire au revoir à ceux que j'aime.

Les premiers contingents ne prenant pied qu'un mois plus tard, nous avons tout le temps de préparer leur mission et de nous connaître.

Je ne décrirai ici que ceux qui, sous l'autorité du général Nambiar, vont constituer l'équipe de commandement de la FORPRONU et lui donner son âme.

Satish Nambiar d'abord, l'œil pétillant d'intelligence, le sourire ensorcelant, la poignée de main chaleureuse. Imprégné de la sagesse millénaire de son pays, l'Inde, il est marqué par son éducation britannique et ne se départ jamais d'une courtoisie un peu distante. J'apprendrai à le connaître et à l'aimer mais tout de suite il m'est extrêmement sympathique. Il en est, comme moi, à sa première mission ONU, mais il a fait la guerre indo-pakistanaise et y a acquis une expérience irremplaçable des luttes inexpiables qui, comme ici, peuvent opposer des frères ennemis. Il est accoutumé à la misère, à la famine, au désespoir qui peut faire perdre le goût de vivre. Il est de ce fait peut-être plus cuirassé que je ne le suis moi-même, et cela l'aidera à traverser sans émotion apparente les moments les plus difficiles. C'est un sage parfaitement conscient des limites de son pouvoir qui saura tenir New

York informé et s'inspirer sans états d'âme des directives qu'il en recevra.

Je suis son adjoint, «deputy commander», rôle ingrat dans toutes les armées du monde. Le second se doit de n'être que le pâle reflet du patron et de prendre à sa charge le maximum de ses tâches les moins gratifiantes. Dans la marine où le confinement à bord oblige à des précautions particulières, le second est ainsi chargé de toutes les décisions susceptibles d'être mal accueillies par l'équipage, de façon à préserver le prestige et l'autorité du «pacha». Au point que l'on évite de donner le commandement d'un bâtiment à un officier qui vient d'y exercer les fonctions de second.

J'ai toujours pensé qu'il vaut mieux «être le premier dans son village que le second à Rome», mais puisque second je dois être, je m'efforcerai de l'être bien. Ce que j'entrevois de la personnalité de Nambiar me laisse augurer que cela ne sera pas trop difficile.

Cedric Thornberry, l'adjoint pour les affaires civiles, est le numéro 3 dans l'ordre hiérarchique. Irlandais au visage énergique, au physique de rugbyman, il parle, il parle jusqu'à ce qu'il ait trouvé quelque chose à dire et l'on s'aperçoit alors que c'est intelligent.

Vieux routier des opérations de maintien de la paix, il saura rassembler autour de lui quelques collaborateurs efficaces et dévoués dont la plupart se sont connus en Namibie, où Cedric a fait merveille. A New York, il a une excellente réputation et de très nombreuses relations qui lui permettront d'être en permanence informé de l'ambiance générale. J'ai dit qu'il parle bien, il rédige mieux encore et très vite. C'est un travailleur infatigable qui n'a pas d'horaires et peut rester des nuits entières à son bureau. Sa dialectique est redoutable. Il aime avoir le dernier mot. Ce sera peut-être entre nous la seule ombre au tableau car, moi aussi, je tiens beaucoup à mes idées.

Lewis Mac Kenzie, le Canadien, est le chef d'état-major. Les médias en ont fait une star, je n'aurai pas besoin de le décrire. Il en est à sa neuvième mission. Son aspect de baroudeur, son aisance et sa prestance me plaisent d'emblée et je suis heureux de pouvoir compter sur un homme de sa compétence au poste clé qui est le sien. Il n'aura aucun mal à former son état-major sans trop s'émouvoir des difficultés créées par son caractère extraordinairement hétéroclite. Plus de vingt nations représentées, par des officiers qui parfois ne parlent ni l'anglais ni le français, conditions théoriques cependant requises, un agglomérat difficile à convertir en un tout cohérent, dans les conditions matérielles difficiles où nous serons placés. Mac Kenzie s'en accommodera. Il saura déléguer à ses principaux adjoints, les chefs des branches «Opérations», le Danois Harders, et «Logistique», le Français Farbos.

Lewis, on le sait, est, quand il en a le loisir entre deux missions, pilote de course en Formule 3 000. Je crois que c'est un volant réputé. Il a de la prestance, du coup d'œil, du sang-froid et un remarquable équilibre psychique, qualités nécessaires à un coureur automobile mais très bien portées également chez les chefs militaires. Elles leur permettent de s'imposer sans forcer leur talent.

Keith Walton vient ensuite, le responsable anglais des affaires administratives. Le malheureux n'a pas fini de se débattre au milieu des difficultés générées par la lourdeur des procédures et la pénurie des moyens. Il ne le sait pas encore et se comporte lui aussi avec beaucoup d'aisance. Pas très grand, un peu rond, la quarantaine solide, il a l'air de connaître son affaire et m'inspire confiance.

Après ces cinq hommes qui exercent les responsabilités au plus haut niveau, viennent les quatre commandants de secteur.

Alexandre Kromtchenkov, le Russe, petit para trapu, noiraud, le béret enfoncé sur les sourcils, ne parle pas un mot d'anglais et paraît complètement perdu dans cet aréopage. Sa poignée de main énergique et son franc sourire sont néanmoins de bon augure. Il va commander, en Slavonie orientale, ce que nous appellerons le secteur Est.

Commandant du secteur Ouest, en Slavonie occidentale, le général argentin Carlos Zabala, les yeux plissés de malice, fin jusqu'à la pointe des ongles, il a dû faire un merveilleux danseur de tango. Sa gentillesse, son humour intelligent, son sourire plein de charme lui donnent davantage l'allure d'un diplomate que celle d'un chef militaire. Dans notre mission, cela ne devrait pas nuire.

Moussa Bamahiyi, le Nigérien, commandera en Krajina le secteur Nord. Il fait une entrée très remarquée dans notre groupe où il arrive avec deux jours de retard, en boubou, l'air parfaitement ahuri. Le regard vague derrière d'épaisses lunettes, de longues moustaches tombantes, les pieds plats, tout en lui prête à rire. Il faut qu'il soit vraiment très capable, et il se révélera l'être, pour être parvenu à son grade malgré ce handicap.

Enfin Arab Rob, Kenyan, grand, fort, le rire tonitruant, le verbe rapide, prendra en main à la mode africaine le secteur Sud de la Krajina où il aura sous ses ordres le bataillon français. Il paraît énergique, déterminé et fait bonne impression.

Pour compléter cette galerie de portraits, je ne saurais omettre le chef des observateurs militaires, le colonel australien Wilson, le chef du bureau «Opérations», le colonel danois Harders et le chef du bureau «Logistique», le colonel français Farbos. John Wilson, au physique de jeune premier, est sur le terrain depuis deux mois déjà. Il nous fait une excellente présentation de la situation. Concis, précis, il parle très vite et j'ai parfois du mal à le suivre. Par chance, j'en connais moi-même assez pour ne pas être gêné de manquer quelques détails de son exposé. Il semble très sûr de lui, ce qui n'est pas obligatoirement un défaut.

Svend Harders, un large front dégarni, les yeux plissés derrière ses lunettes, ridé comme une vieille pomme, une bouche de gargouille élargie par un grand sourire, observe et écoute de tous ses yeux et ses oreilles. Il a l'air d'un sage.

Paul Farbos enfin, sec comme un sarment de vigne, de grands yeux au regard candide, un éternel et large sourire, est un professionnel des questions logistiques et le démontre dès les premiers moments. Il a déjà fait un séjour au sein de la Force des Nations Unies au Liban et son expérience des procédures administratives et des structures nous sera très précieuse. Avec l'aide de Keith Walton et mon appui inconditionnel, il arrachera la décision de ne pas déployer, comme prévu dans les accords, notre base logistique à Banja Luka au cœur de la Bosnie mais partie à Zagreb, partie à Belgrade. Cette prise de position courageuse et très intelligemment étayée sauvera la Force du désastre où elle aurait été engluée dès le déclenchement de la crise en Bosnie-Herzégovine. Je lui accorde sans réserve toute mon estime.

Dans l'ensemble, ces douze hommes, moi compris, venus des quatre coins de la planète ne forment pas une équipe trop hétéroclite. Séparés par la race, la culture, la religion, quelque chose les unit, la foi dans leur mission et la fierté d'y avoir été appelés. Sont-ils donc inconscients ? Comment éprouver de tels sentiments avant de s'engager dans une aventure aussi difficile ?

Je parle ici pour moi. Catholique, il m'est plus facile peut-être de comprendre la noblesse du rôle de serviteur auquel tout croyant est appelé, quelle que soit sa fonction. Français, je n'ai pas de mal à trouver que « c'est tellement plus beau, lorsque c'est difficile ».

Les autres ne sont pas tous catholiques. Deux seulement sont français, tous sont dignes des responsabilités qui vont leur être confiées, parce que tous croient qu'ils vont pouvoir s'y accomplir dans leur vraie vocation : conduire la force au bénéfice du droit.

« Tu dis au centurion : va et il va. »

Après un voyage retardé par quelques incidents au départ de New York, nous arrivons à Belgrade le 8 mars au matin.

Le général Nambiar est immédiatement englouti dans une incroyable mêlée de journalistes. Il y fait front avec un admirable sang-froid.

J'apprends d'un journaliste français que, la nuit même, Osijek a subi l'un de ses bombardements les plus durs, depuis le cessez-le-feu déclaré en janvier. J'en conclus que la paix dérange et notre mission m'apparaît de plus en plus justifiée. Je ne croyais pas si bien dire.

Nous sommes logés à l'hôtel Yougoslavia dans le Novi Belgrade. Je retrouve avec plaisir ce grand et froid monument de l'architecture communiste et son site magnifique au bord du Danube. A deux reprises déjà, j'y ai été hébergé au cours de mes séjours précédents à la fin des années 80 lorsque j'étais adjoint à la direction des Affaires internationales au ministère de la Défense.

Nous ne profitons pas longtemps de l'hospitalité quelque peu spartiate de l'hôtel car nous sommes tout de suite entraînés, à grand renfort de sirènes de police, dans un tourbillon de cortèges officiels jusqu'au siège du gouvernement.

Nous y entendons les premières litanies du discours officiel qui nous sera prodigué, à peu près dans les mêmes termes, à Zagreb, chez l'adversaire croate que nous allons tenter de réconcilier avec son frère serbe. Référence à l'histoire, en particulier à la plus récente, celle de la Seconde Guerre mondiale, récits des atrocités commises par l'ennemi à cette époque et renouvelées au cours du récent conflit et démonstration de grande bonne volonté à l'égard des accords conclus et de la FORPRONU, chargée de les mettre en œuvre.

Je découvre les premiers symptômes de la maladie dont souffre ce pays, la peur de l'autre, la peur des autres. Ici on vous parle des Oustachis, là-bas on vous parlera des Tchetniks. La paix est loin d'être faite dans les esprits. Nos interlocuteurs eux-mêmes sont-ils vraiment convaincus par leur discours ?

Nambiar écoute bien et parle peu... Je garde le silence la plupart du temps. Thornberry parle d'or.

Deux jours à ce régime et nous partons pour Zagreb où nous serons, je l'ai dit, l'objet des mêmes démonstrations, un peu plus nuancées toutefois. On se sent ici plus proche de l'Occident. Le capitalisme a déjà fait son entrée à l'hôtel Intercontinental, où nous sommes logés. Son confort n'a rien à envier à celui de ses homologues à travers le monde.

Autre signe, nous sommes invités, le deuxième soir, à un spectacle de ballet d'une très bonne tenue, suivi d'une réception où nous rencontrons des intellectuels dont un certain nombre de jeunes. Tous affirment leur volonté de paix et quelques-uns n'hésitent pas à afficher une réserve à l'égard de leur président et de leur gouvernement.

J'aime cette ville dont le centre a conservé de très belles traces de la période austro-hongroise. Nous la quittons très vite pour rejoindre notre PC de Sarajevo.

Sarajevo a été choisi pour notre quartier général, en dépit de nos réticences, pour des raisons politiques. Il fallait une place neutre entre Belgrade et Zagreb, pour ne pas renouveler l'erreur de la mission de la Communauté européenne qui, demeurée à Zagreb depuis sa création, a été très vite considérée par les Serbes comme ayant pris parti contre eux. En implantant des casques bleus dans cette capitale nous devions également tenter d'y maintenir le calme et rassurer les populations bosniaques. L'enfer est pavé de bonnes intentions.

C'est ainsi que le 13 mars nous débarquons dans cette ville qui n'est encore célèbre que par l'assassinat de l'archiduc François-Ferdinand prétexte à la Première Guerre mondiale, et par la tenue des jeux Olympiques d'hiver de 1984.

Chapitre II

SARAJEVO

13 mars 92-16 mai 92

L'arrivée se fait sous un ciel gris et la première impression n'est pas très favorable. Entre l'aéroport et la vieille ville, tout au long d'un grand boulevard rectiligne s'étendent des centaines d'immeubles collectifs, tristes et laids, qu'égaie seulement l'abondant linge étendu aux fenêtres.

Le long de cet axe, quelques constructions dénotent cependant un récent effort d'urbanisme moins typiquement soviétique. A l'entrée de la ville, une future maison de retraite très colorée, qui rappelle Disneyworld, vient de faire l'objet d'un grand prix d'architecture. Nous la baptisons immédiatement le «Rainbow Hotel».

A côté l'immeuble du journal *Oslobodenje*, célèbre dans le monde entier pour sa volonté d'indépendance et de résistance à la purification ethnique, est construit avec les techniques les plus modernes et une certaine élégance.

A l'autre extrémité du nouveau Sarajevo, après l'alignement sévère des façades de la caserne Marshal Tito, l'hôtel Holiday Inn d'un jaune citron un peu criard fait bonne figure, il est suivi de deux splendides tours en verre bleuté dignes de nos plus belles villes occidentales.

La vieille ville a beaucoup plus de caractère, et il me faudra plusieurs jours pour en découvrir tout le charme.

De l'hôtel Holiday Inn où deux étages nous sont réservés nous nous rendons aussitôt à la Présidence à l'entrée de la vieille ville, pour notre première réunion officielle.

Après la politesse glacée de Belgrade ou de Zagreb, c'est un accueil très chaleureux que nous recevons ici.

Sont présents les représentants des trois communautés, ou selon les termes officiels, des trois nationalités qui vivent encore en apparente parfaite intelligence bien que la méfiance ait commencé de s'installer.

Lorsque Nambiar présente ses collaborateurs, il nomme après son aide de camp, le major indien Philip Campose, un lieutenant-colonel pakistanais représentant du corps des observateurs et il souligne le symbole de cette présence côte à côte des ennemis d'hier. Un des membres de la présidence prend alors la parole pour préciser qu'il est musulman, que son voisin est serbe et que jamais ils ne pourront être ennemis. Dieu ne les a pas entendus.

Les jours suivants sont consacrés à la visite des divers bâtiments que la présidence se propose de mettre à notre disposition et après des reconnaissances détaillées, nous arrêtons notre choix.

Le quartier général s'installera à la sortie de la ville dans l'immeuble du PTT Engineering, voisin de celui de la télévision et tout proche du «Rainbow Hotel» où seront logés les cadres subalternes.

C'est un bâtiment de quatre étages avec en sous-sol deux niveaux aménagés en abri. Il est solide, relativement isolé et facile à protéger. Il est vaste et bien conçu et se prêtera parfaitement à l'installation des différents bureaux et salles de réunion.

Au rez-de-chaussée, le restaurant d'entreprise est conservé avec son personnel local renforcé des hommes nécessaires prélevés sur la compagnie suédoise de quartier général.

Nous établissons au 1er sous-sol l'antenne chirurgicale, le service médical, le centre de communication et le logement des hommes.

Le 2e sous-sol conserve sa vocation d'abri. Il ne sera par la suite que trop souvent utilisé.

Nambiar s'installe dans la tour centrale au 2e étage. Mac Kenzie au 3e avec son état-major. Je partage le 4e avec Cedric Thornberry.

Pour notre logement, il est décidé de réduire les risques et de ne pas mettre tous les œufs dans le même panier.

Nambiar s'installe avec les officiers supérieurs de l'état-major à Stojcevac, à l'extérieur de la ville, au sud de l'aéroport, dans ce qui avait servi de centre aux organisateurs des jeux Olympiques. Lui-même y dispose d'une des anciennes villas de Tito et les officiers supérieurs sont logés dans les bungalows de ce qui est devenu un hôtel. Ils sont dans un grand parc bien tenu au pied de la montagne et le coin, qui dispose d'un tennis, est enchanteur.

Les officiers subalternes sont installés au «Rainbow Hotel» dont les plâtres sont à peine secs et qui n'a pas encore été occupé par ses pensionnaires. Ils sont à 200 mètres du PC ce qui simplifie les problèmes de transport.

Enfin Mac Kenzie et moi trouvons refuge en plein centre de la ville dans l'ancienne, très confortable et presque luxueuse résidence du président du Parti communiste. Elle a été transformée en un club réservé aux membres les plus éminents de la Nomenklatura, son restaurant est le plus réputé de la ville. C'est le «Delegates Club» qui dans notre langage deviendra très vite le «Delegates».

Nous voilà à pied d'œuvre.

L'installation prendra deux semaines et nous sommes encore logés à l'Holiday Inn le 18 mars lorsque nous rencontrons l'ambassadeur portugais Cutilhero chargé de trouver une solution à la crise qui couve en Bosnie-Herzégovine. C'est parce que le Portugal assure alors la présidence de la Communauté européenne qu'il a été investi de cette mission sous la tutelle de Lord Carrington.

Il nous expose son plan de cantonisation, nous annonce qu'il vient d'obtenir l'accord des trois parties et que, dans ces conditions, il va proposer, pour le 6 avril, la reconnaissance de l'indépendance de la Bosnie. Il est radieux. Nous sommes consternés.

Nous lui indiquons que le 6 avril est le jour où le premier de nos bataillons commencera son déploiement en Croatie. Nous soulignons que la Bosnie attend son indépendance depuis 463 ans et qu'elle peut bien attendre quelques mois encore. Nous souhaitons qu'il nous laisse le temps de prouver l'efficacité de notre mission et de ramener le calme dans les esprits. Annoncer de façon prématurée l'indépendance de la Bosnie ne fera qu'allumer la mèche du baril de poudre sur lequel nous sommes assis. Nambiar, Thornberry, Mac Kenzie et moi nous relayons pour tenter de le convaincre. Je suis le plus acharné, car, au contraire des trois autres, je ne découvre pas ce problème mais l'ai étudié depuis des mois.

Pour l'ambassadeur, il y a peut-être des chances que l'indépendance tourne au drame, mais il y en a d'autres qu'elle suffise à interdire l'attaque de la Serbie.

L'indépendance sera donc reconnue le 6 avril.

Je fais, à la demande de Nambiar, une liaison sur Belgrade où je suis bloqué en raison des mauvaises conditions météorologiques. J'y suis l'hôte de l'ambassadeur de France, Monsieur Chatelais et je découvre avec un grand plaisir un homme cultivé, qui après bientôt trois ans passés à Belgrade, connaît merveilleusement le pays. Nous avons toute la soirée une conversation passionnante. Il me conseille la lecture d'un certain nombre de livres qui m'aideront à une meilleure appréciation du pays. Le *Pont sur la Drina* et *Les Chroniques de Travnik* du prix Nobel, Ivo Andric. *Le Livre de Miloutine* de Danko Popovic et *Le Derviche et la mort* de Semilovic. Aujourd'hui encore sur ma table de chevet, je les conseille à mon tour à tous ceux qui veulent comprendre l'histoire et l'âme des peuples de cette partie des Balkans.

L'ambassadeur avoue être lui-même gravement inquiet des conséquences d'une reconnaissance prématurée de la Bosnie.

Nous nous reverrons à plusieurs reprises au cours de mes passages à Belgrade et jusqu'à son retour forcé en France après la décision d'embargo de juin 1992. Il me sera toujours d'un précieux conseil.

Le 4 avril, je suis à Rijeka, petit port de l'Adriatique, pour accueillir en Croatie les premiers éléments du bataillon d'infanterie et du bataillon logistique français avec à leur tête le colonel Christian Xuereb que j'ai connu à l'état-major du général Cot à Metz et qui sera ici le commandant des éléments français de la FORPRONU (COMELEF).

J'arrive la veille dans cette petite ville, très marquée de l'influence autrichienne, sous une pluie battante et je retrouve à l'hôtel le consul de France à Zagreb.

Je découvre qu'il a pris l'initiative d'organiser avec les autorités locales une réception officielle sur la Grande Place. J'imagine avec angoisse l'effet que produira à Belgrade le spectacle du premier contingent de la Force des Nations Unies écoutant au garde-à-vous l'hymne national croate. Je prends prétexte d'un retard réel du convoi pour décommander la manifestation. Seuls le maire et quelques-uns de ses conseillers assisteront avec moi au débarquement des troupes qui devront prendre immédiatement la route pour leurs différents lieux de stationnement.

En fin de matinée je monte à bord de l'*Orage* où je fais l'objet de la part du commandant et de son équipage de l'accueil si chaleureux habituel à tous nos bâtiments.

M'adressant aux hommes rassemblés sur le pont je leur assure qu'ils auront dans ce pays à remplir la plus belle et la plus difficile des missions.

Le débarquement s'effectue dans un ordre remarquable. Il est suivi d'une très simple et très courte prise d'armes. La troupe rejoint un lieu de bivouac à l'extérieur de la ville, car je ne veux pas qu'elle effectue de nuit le trajet difficile à travers la montagne jusqu'à Karlovac, où les uns, aux ordres du colonel Meille, bifurqueront sur la Krajina tandis que les autres poursuivront avec Xuereb sur Zagreb.

Le 6 avril, les premiers trains convoyant les unités du bataillon canadien venu d'Allemagne arrivent à leur tour à Zagreb.

La FORPRONU commence la mise en œuvre du plan Vance. Elle est partout bien accueillie.

Sur le chemin du retour à Sarajevo, je fais un détour par Topusco où le général Bamahiyi a installé dans un hôtel thermal le PC du secteur Nord. J'y trouve une ambiance déplorable. Le rapprochement entre Nigériens, Danois et Polonais ne s'est pas encore fait et les méthodes de commandement très africaines du général, peu habitué à faire confiance à ses subordonnés ont fait contre lui l'unanimité.

Je passe vingt-quatre heures avec eux, donne quelques ordres à l'état-major et quelques conseils au général qui a l'intelligence de les écouter et je prends par Bihac la route pour Sarajevo via Banja Luka.

Je rejoins finalement Sarajevo le 7 avril. Je trouve la ville dans un état de tension extrême. Les premières mobilisations ont commencé chez les musulmans. L'armée fédérale, la JNA[1] sous le commandement du général Kukanac, s'efforce encore de maintenir la paix.

A ce moment et jusqu'au 2 mai, je pense très sincèrement que le commandement de l'armée yougoslave cherchera à éviter l'explosion.

Dans cette armée, de très nombreux officiers supérieurs sont originaires de Bosnie, où se trou-

---

1. JNA : Armée nationale yougoslave, appelée aussi armée fédérale.

vent concentrées, pour des raisons stratégiques, une part importante des industries d'armement de l'ancienne Yougoslavie. Ils n'ont qu'un désir, c'est rester dans leur pays et si possible y poursuivre leur carrière. Ils souhaitent se maintenir dans une Bosnie en paix.

La situation me rappelle étrangement celle que j'ai connue en 1960 et 1961 en Algérie. Le commandement est fidèle aux directives du gouvernement mais l'armée dans son ensemble et les jeunes cadres en particulier sont plutôt partisans de l'Algérie française et sympathisants de l'OAS.

Ici, et pour quelques jours encore, le commandement s'efforce de calmer le jeu, tandis que les jeunes cadres commencent de plus en plus ouvertement à aider Karadzic, le leader nationaliste serbe, et à lui fournir des armes.

De son côté, puisant dans les réserves intarissables accumulées partout pour préparer la défense populaire contre une éventuelle attaque de l'armée soviétique, le président Izetbegovic commence à constituer un embryon d'armée de la république de Bosnie-Herzégovine.

Au début d'avril, la population de Sarajevo compte plus de 50 % de chômeurs. Ils se présenteront les premiers à la mobilisation et leurs premières unités prendront l'allure de bandes plus ou moins criminelles, à l'image de la milice que constitue, pour son propre compte, le fameux Yuka, dont on fera un héros avant de se résoudre à le jeter beaucoup plus tard en prison.

Les bourgeois de Sarajevo commencent à désespérer. Ils voient, sans comprendre, courir à la catastrophe leur pays et leur ville, considérés jusque-là et à juste titre comme un modèle d'harmonieuse intelligence entre les religions et les cultures. Serbes, Croates, Musulmans, mélangés comme ils le sont dans leurs maisons et souvent même dans leurs ménages, les mariages mixtes étant de plus en plus fréquents depuis des décennies, tous tentent de s'organiser, prenant la garde à la porte de leurs immeubles avec les quelques armes individuelles dont ils disposent.

Ils me disent que jamais les Bosniaques n'accepteront de suivre ces leaders extrémistes qui les appellent à s'entre-tuer, mais déjà un doute s'installe.

Dans le même temps, Karadzic a pris la montagne où ses partisans peu à peu se rassemblent autour de Pale, dont il va faire sa capitale. Ce sont pour la grande majorité des paysans venus des villages environnants pour défendre leurs familles qu'ils croient sincèrement menacées de génocide. Dans leur démarche on voit sourdre un certain relent des éternelles rivalités entre campagnards et citadins. C'est la résurgence de la haine ancestrale contre les Musulmans, ces riches Serbes qui, il y a cinq siècles, ont trahi leur foi, pour payer moins d'impôts, l'Empire ottoman exonérant d'une partie des taxes les habitants de religion musulmane.

Nous sommes ici sur la ligne de fracture entre les civilisations de Rome, de Byzance et de Constantinople. Pour cette raison ce pays a connu, à intervalles réguliers de son histoire, des explosions d'héroïsme, de violence et de destruction, qui se sont soldées par des dizaines ou des centaines de milliers de morts.

Ce passé donne ici tout son crédit à la théorie du nettoyage ethnique. Puisque les frères qui vivent sur ce domaine ne cessent de se battre, il faut les séparer. L'idée est simple, elle n'est pas de bon goût, mais elle prend très bien, trop bien.

S'accusant mutuellement d'agression, les antagonistes sont prêts à se jeter les uns sur les autres. Bientôt se mettront en action ces fous meurtriers qui se croient des héros, ces «snipers» qui feront tant de mal. A l'intérieur même de Sarajevo commencent les harcèlements contre la JNA. C'est le début à travers le pays de la mise en place sur les routes de barricades tenues par des miliciens de tout poil. C'est le début des règlements de comptes.

A Sarajevo, où nous avons tenté en vain de jouer les médiateurs entre le général Kukanac, toujours officiellement neutre, et les représentants de la Présidence, croates et musulmans qui l'accusent des pires méfaits, la situation bascule le 2 mai.

C'est un samedi ensoleillé, Mac Kenzie, moi-même, le colonel Xuereb et la petite équipe qui nous entoure avons pris notre déjeuner sur la terrasse. Vers 13 heures, nous entendons des tirs nourris d'armes automatiques et le bombardement de la ville commence à un rythme incroyable. Les coups tombent si près que nous devons trouver refuge dans la pièce sans fenêtre où se trouvent nos provisions de bouche et dont nous avons décidé qu'elle pourrait faire un bon abri. J'ai alors la certitude que la destruction de Sarajevo a commencé et crains qu'elle ne s'arrête avant longtemps.

Le baril de poudre sur lequel nous étions assis vient d'exploser.

Au début de la crise au Liban, on avait parlé là-bas de balkanisation. Ici et par un intéressant phénomène de balancier, les journalistes et moi-même dans mes interviews commençons à parler de libanisation. En fait, ici comme là-bas, le réveil des nationalités provoque l'anarchie et laisse place aux moins sages. Les chefs de bande pullulent, chacun cherchant à se tailler un fief dans son propre territoire.

Dans Sarajevo la police a éclaté, la majorité des policiers serbes ayant rejoint Karadzic avec le plus gros du matériel, les forces de l'armée naissante de la république de Bosnie-Herzégovine commencent à bloquer les casernes à Beastrik Camp où se trouve le PC du général Kukanac et Marshal Tito Barracks, siège d'une école de cadets de la JNA.

Le 3 mai, le président Izetbegovic est fait prisonnier par la JNA à son retour de Zagreb et l'armée yougoslave n'accepte de le relâcher que contre la libération de l'état-major du général Kukanac. La FORPRONU est sollicitée pour servir de médiateur dans cet échange. Elle ne dispose alors à Sarajevo que d'officiers d'état-major avec leurs secrétaires et leur soutien, et de trois engins blindés. Le général Mac Kenzie prend la tête d'un petit convoi, qui récupère Izetbegovic à l'aéroport puis se rend au PC de Kukanac.

L'évacuation du PC se passe dans un désordre incroyable au milieu d'un affolement général. La formation du convoi prend trop de temps. Il comprend une centaine de véhicules, beaucoup trop pour une escorte aussi symbolique.

Dans la traversée des rues étroites de la vieille ville, le convoi est coupé en deux par des bandes incontrôlées menées par le fameux Yuka, dont ce sera le premier «fait d'armes». Les soldats de la JNA sont des appelés pour la plupart employés comme secrétaires, ils sont terrorisés. Le général Mac Kenzie avec un représentant de la Présidence tente de s'interposer, ordonne le cessez-le-feu, rien n'y fait.

Tout se passe très vite. Des officiers supérieurs serbes blessés sont arrachés à une ambulance et assassinés sur place, des hommes sont faits prisonniers. La partie de tête du convoi poursuit sa route sur l'aéroport, la suite se disperse dans le désordre le plus complet. Il faudra des jours pour faire le point des disparus et en récupérer la plus grande partie.

Naturellement la JNA nous considère comme responsables de ce désastre. Mac Kenzie à son arrivée à l'aéroport se fait désarmer, insulter, malmener. Aujourd'hui encore, les Serbes continuent de nous reprocher notre action.

En représailles, les bombardements aveugles sur la ville se poursuivent et s'intensifient, les snipers multiplient leurs exploits, ils tirent sur tout ce qui bouge. La peur s'installe dans la ville dont les habitants se terrent dans les abris.

Tous nos efforts pour rapprocher les antagonistes, tenter de les faire s'asseoir à une table de négociation, calmer les esprits, sont vains. Nous assistons impuissants et la rage au cœur à cette inexorable décomposition.

Le 5 mai, au soir, nous accueillons Marrack Goulding à notre PC pour un conseil de guerre.

Cet homme porte sur ses épaules le poids de toutes les opérations de maintien de la paix de l'ONU. Sa puissance de travail légendaire, sa résistance inépuisable, son intelligence vive lui permettent d'assumer sans défaillance les énormes responsabilités qui sont les siennes.

Nous passons la soirée dans la résidence de Nambiar à Stojcevac. Nambiar explique qu'il n'est plus en état de commander l'opération en Croatie où les déploiements se poursuivent et sont en voie d'achèvement. Lui-même et son état-major consacrent, par force, la quasi-totalité de leur temps à résoudre les problèmes de Bosnie. Il faut envisager l'évacuation et le repli du PC sur Belgrade ou sur Zagreb.

Je souligne qu'il ne faut pas pour autant amener complètement le drapeau et qu'il faut maintenir à Sarajevo une présence ne serait-ce que symbolique. J'indique à Goulding que je suis volontaire pour rester. Il sourit et — à juste titre — me fait remarquer que la place d'un général de division n'est plus ici (ou pas encore...)

Aucune décision n'est prise ce soir-là mais le général Nambiar est autorisé à préparer un repli éventuel et à envoyer sans plus attendre d'importants détachements de reconnaissance à Belgrade et à Zagreb où nous avons déjà des équipes de liaison établies ainsi que nos éléments logistiques.

A cette soirée, je constate avec amusement et souligne auprès de mes amis combien je suis noyé dans un univers anglo-saxon : sont en effet présents Nambiar, dont j'ai dit combien il est marqué par son éducation, parlant et écrivant l'anglais mieux que beaucoup d'officiers anglo-saxons de son état-major, Cedric Thornberry, Lewis Mac Kenzie, Keith Walton et bien sûr Goulding.

Au moment où ils me plaisantent sur la richesse de l'équipe française qui m'entoure — et il est vrai que je suis très bien servi —, je les désigne tous les cinq et je leur dis que c'est le seul moyen que j'ai pu trouver pour survivre au milieu d'eux.

Quelle est-elle cette équipe française ? A sa tête, Christian Xuereb ancien légionnaire parachutiste, colonel des transmissions qui est le COMELEF. Le front bien dégarni, un nez et une carrure de boxeur poids moyen, une large bouche où souvent flotte un sourire, il est discret, efficace et solide.

Mwon aide de camp, le capitaine José Fernandes, artilleur parachutiste, un grand sloughi, long comme un jour sans pain, le teint plombé, de grands yeux noirs hérités de ses ancêtres portugais, un dévouement absolu de tous les instants et une patience d'ange pour supporter à longueur d'année les exigences de son chef.

Enfin, patron incontesté de toute l'équipe de sous-officiers et d'hommes du rang, mon chef de secrétariat particulier et garde du corps, l'adjudant-chef Wangel Mihailov, macédonien d'origine, dix-neuf ans de Légion étrangère chez les parachutistes, moniteur de sports de combat, boule de muscles et de nerfs à l'intelligence éveillée, une tête de Romain large et carrée, pas seulement dévoué mais réellement attaché à ma personne par ces liens particuliers à la fraternité d'armes légionnaire que seuls ceux qui l'ont partagée seront en mesure d'apprécier pleinement.

Christian Xuereb nous quittera très vite pour prendre à l'aéroport de Zagreb le commandement du camp militaire de la FORPRONU, les deux autres partageront jusqu'au bout les joies et les peines de ma mission.

Les jours qui suivent se passent en démarches incessantes et vaines de conciliation alors que les bombardements s'intensifient et nous obligent, Mac Kenzie et moi, à abandonner le «Delegates» pour nous replier sur le quartier général, où nous campons dans nos bureaux.

Nambiar et les officiers supérieurs de l'état-major sont restés à Stojcevac, le village olympique, mais, le 15 mai, en raison de l'intensification des combats dans cette région, ils décident de l'évacuer.

Le général Nambiar réussit à passer avec sa voiture et son aide de camp : le convoi transportant les officiers supérieurs, plus lent à se mettre en route, est bloqué vers midi à Ilidza par des miliciens serbes exaltés qui les prennent en otages.

Ils sont furieux de l'initiative d'un lieutenant-colonel russe, qui s'est chargé très imprudemment de négocier des évacuations de blessés serbes et qui s'est aventuré en zone musulmane d'où il est revenu... avec des blessés musulmans. Il a entraîné dans cette aventure nos deux engins blindés légers et leurs équipages, avec à leur tête le capitaine Fernandes, mon aide de camp. Tout ce petit monde est maintenant prisonnier des miliciens serbes.

Les palabres s'engagent sur le terrain sans résultats et, quand à la longue la situation se détériore, le chef du convoi ONU, le colonel Harders, me demande d'intervenir.

J'appelle du PTT Building les Serbes de Karadzic et suis mis en contact avec Madame Plavcic, considérée alors comme le numéro 2, que je parviens à convaincre de se rendre avec moi sur les lieux.

Nous empruntons le seul engin blindé qui nous reste, le gros Sizu finlandais, et vers 5 heures du soir nous prenons la route.

A la sortie de la ville, le premier barrage serbe nous accueille par des rafales d'armes automatiques. La brave Madame Plavcic n'en croit pas ses oreilles et tente de me persuader que les miliciens nous ont pris pour des musulmans.

Je lui fais remarquer que ses amis connaissent parfaitement nos engins et que cette attaque n'a rien pour me surprendre.

A travers une trappe de l'engin, elle se fait connaître et nous obtient la liberté de passage. A 17 h 30 nous sommes sur les lieux, où je découvre nos officiers supérieurs débarqués de leurs véhicules et tenus en joue par des miliciens en armes.

Je fais immédiatement cesser cette mascarade et j'entreprends de m'en faire expliquer la cause.

C'est la première fois que je me trouve dans ce type de négociation. J'en connaîtrai d'autres en maintes occasions.

Sortir d'une telle situation implique l'écoute attentive d'un discours confus, souvent délirant, et dont l'intelligence est rendue plus difficile encore par la nécessité d'utiliser le truchement d'un interprète.

Dans ce cas, un des miliciens présents a perdu son frère dans les combats de la nuit ou de la matinée. Est-il mort ou vivant, on l'ignore, mais toute la famille est là, vociférant sa rage et son désespoir.

La bande, car il n'y a pas d'autre nom pour désigner ce groupe de sauvages, considérant avoir été trahie par l'officier russe qui se tient penaud dans un coin, exige de la FORPRONU qu'elle répare ses erreurs en récupérant, mort ou vif, le disparu.

Convaincu qu'il n'y a aucun autre moyen de les calmer, j'accepte de me charger de cette tâche difficile. Je pars avec les deux VBL et une jeep en direction des lignes musulmanes. Des tirs croisés ponctuent notre traversée du no man's land. Nous parvenons néanmoins sans encombre à l'entrée du village musulman où un barrage miné stoppe notre avancée.

Un tout jeune et très ému responsable local m'explique qu'il y a bien un cadavre serbe dans les parages qui a probalement déjà été mis en terre. Je demande à rencontrer son chef et je pars dans une vieille 4 L brinquebalante jusqu'au centre du village voisin où l'on finit après bien des attentes par me trouver le commandant.

Après de nouvelles palabres, et à la condition que j'assure l'évacuation d'une jeune fille grièvement blessée, on finit par me remettre le cadavre exhumé d'un soldat serbe. La nuit est tombée lorsque nous repartons vers les lignes serbes.

Je transmets cette information par radio et j'obtiens la libération immédiate des officiers supérieurs de la FORPRONU. Nous rentrons à nouveau dans le no man's land où, bien sûr, nous nous faisons à nouveau copieusement arroser.

Arrivés à Ilidza, il nous faut affronter une seconde fois l'exaltation des miliciens serbes qui prétendent nous renvoyer en arrière à la recherche d'un deuxième compagnon disparu. Je refuse avec la plus grande fermeté et je rejoins Sarajevo avec Madame Plavcic et la malheureuse blessée musulmane que nous évacuons sur l'hôpital civil.

C'est la fin d'une invraisemblable aventure que le plus imaginatif des scénaristes hollywoodiens n'aurait pu inventer. C'est l'image du chaos dans lequel le pays s'est enfoncé. C'est alors que nous apprenons le sévère bombardement de l'hôtel Rainbow où sont logés nos officiers subalternes et nos hommes. Par miracle nous n'aurons que deux blessés légers à déplorer.

La décision est prise de quitter Sarajevo pour Belgrade, par deux convois les 16 et 17 mai, le premier sous mes ordres, le second avec Nambiar.

Le drapeau restera. Aux ordres du colonel Wilson et du capitaine français Lassalette une petite centaine de soldats français assureront le maintien de la présence de la FORPRONU à Sarajevo et permettront ultérieurement de nouveaux déploiements. Leur comportement dans cette situation leur vaudra tous les éloges des spécialistes et visiteurs étrangers de passage dans la ville.

La presse locale et internationale accueille très mal cette décision. Bien que le général Nambiar et son porte-parole insistent sur le fait qu'il n'était plus en mesure d'exercer son commandement, que sa mission n'est pas en Bosnie mais en Croatie, son départ est interprété comme une fuite.

Pendant le long voyage sur les petites routes de montagne entre Sarajevo et Belgrade, je m'interroge sur cette réaction et j'en comprends les raisons.

Dès la première rencontre à New York, lors de l'exposé de notre mission, j'avais souligné auprès de Goulding le danger que constituait une implantation à Sarajevo. J'en ai exposé plus haut les raisons : ne pas courir le risque de se retrouver otages d'un gouvernement partie prenante du conflit, et interdire par notre présence une attaque serbe contre la Bosnie.

L'opinion publique ne retiendra que celle-ci et interprétera tout naturellement notre repli comme un abandon.

Pour la première fois je prends réellement conscience de la force du symbole qui s'attache à la personne du chef dans ce genre de mission. Il n'y avait à Sarajevo que 350 à 400 officiers d'état-major, secrétaires et employés, pratiquement désarmés et dépourvus de tout mandat. Nous laissons derrière nous une centaine d'hommes prélevés sur les éléments de protection du bataillon logistique français stationnés jusque-là à Zagreb, des hommes équipés et préparés à une mission de combat. Cela personne ne veut ni ne peut l'entendre : Nambiar quitte Sarajevo, c'est l'ONU qui fuit devant le danger.

Je regrette déjà de ne pas avoir suffisamment insisté pour rester moi-même sur place et je me fais le serment d'y revenir au plus vite.

Dans cette affaire nous nous sommes laissé surprendre par un événement dont nous avions pressenti l'occurrence mais sous-estimé la rapidité d'évolution. Notre machine étant, pour des raisons structurelles, beaucoup plus lourde que tout instrument purement national, il conviendra dans l'avenir de tenir compte de son inertie bien davantage et de planifier très en amont les éventuelles réactions. C'est ce que nous n'avons pas su faire ni à New York, ni à Sarajevo.

Ce défaut de prévision nous a conduits à réagir au coup par coup, sans concertation suffisante ni avec New York, ni avec les représentants de la Communauté, ni parfois même entre nous. Dans ces conditions, devons-nous nous étonner que l'opinion publique n'ait pas suivi ?

Dernier enseignement de cette première expérience, aucune bataille ne sera jamais gagnée sans une coopération plus étroite et plus intelligente avec les médias à l'égard desquels nous nous sommes montrés trop méfiants.

Ce vieux réflexe du militaire à l'égard du journaliste nous a fait commettre une erreur regrettable.

Cette réaction en situation de combat est naturelle, il faut dissimuler à l'ennemi ses intentions et sa position car une victoire n'est jamais possible sans surprise. Dans une mission de maintien de la paix, c'est le contraire, les objectifs doivent être clairs et affichés très à l'avance pour que chacun s'y accoutume, puisqu'il s'agit d'abord de tenter de rétablir la confiance en combattant la peur alimentée dans chaque camp par les rumeurs d'une propagande parfois éhontée.

Dans cette lutte contre le mensonge, les médias doivent être nos alliés naturels et si possible amicaux. Je ne l'oublierai jamais.

Ces deux premiers mois de mission me laissent un goût d'amertume et d'insatisfaction. Je me suis efforcé d'y tenir du mieux qu'il m'était possible mon rôle de second. Ma confiance en Nambiar s'accroît et une réelle amitié se tisse entre nous en dépit ou peut-être à cause de la différence de nos tempéraments. Il est avant tout un homme de réflexion quand je me crois un homme d'action. En raison de cette amitié mais aussi du fait de mon amour-propre qui n'est pas négligeable, je sens parfois naître un désagréable sentiment de jalousie à n'être pas le seul qu'il écoute et regrette qu'il ne sache pas toujours m'entendre.

N'étant pas exactement homme à me cantonner dans mon rôle d'adjoint, je lui demanderai de me confier, très vite, des responsabilités réelles sur le terrain, ce qu'il acceptera et me vaudra de m'engager pour une nouvelle étape dans le rôle baptisé avec une souriante connivence par mes amis Thornberry et Mac Kenzie de «Proconsul de la Krajina».

Avant d'entamer cette nouvelle étape, il me semble opportun de définir le fonctionnement général de l'état-major et les relations qui se sont établies au sein de l'équipe dirigeante que nous constituons tous les trois autour de Nambiar.

Cette équipe fonctionne sans heurts. Elle se réunit à 10 heures les jours «normaux» pour un exposé de situation à l'issue duquel sont prises les décisions importantes. Elle se retrouve aussi, sauf exception, pour les principaux rendez-vous politiques ou militaires avec les autorités locales. Elle peut quasi instantanément être en place à toute heure du jour ou de la nuit chaque fois qu'un événement important l'exige.

Ma bonne connaissance initiale du pays m'autorise à y exprimer mon avis chaque fois que je le juge nécessaire. Nambiar et Thornberry, au début de notre coopération du moins, s'inquiètent des trop bonnes relations que j'entretiens avec Paris, me rappellent que je suis maintenant «onusien» et dois relâcher mes liens nationaux. Pour Nambiar c'est facile, il n'a pas d'autre compatriote sous ses ordres que son aide de camp, un type superbe et de très bon niveau, le major Campose. Pour moi, bien que je ne sois pas le commandant du contingent français — cette tâche étant celle du colonel Xuereb —, je me sens et je suis responsable de l'emploi des quelque 3 000 Français qui servent alors dans la Force.

Il est donc naturel que j'en réfère régulièrement à l'état-major des Armées, soit directement à l'amiral Lanxade, soit le plus souvent à son adjoint le général Philippe Mercier avec lequel j'entretiens de longue date des relations de confiance et d'amitié.

Très vite Nambiar s'aperçoit que ces relations ne nuisent en rien à la mission et bien au contraire qu'elles lui sont parfois très utiles. La souplesse et la rapidité de réaction de l'état-major français, sa capacité de décision autorisent en effet des gains de temps considérables dans certains cas où la France accepte de réagir à nos demandes de renforts ou de moyens exceptionnels, sans avoir à attendre l'agrément de New York, que l'on se contente d'obtenir si nécessaire ensuite.

Lewis Mac Kenzie est lui-même en liaison régulière avec Ottawa. Contrairement à ce qui s'est dit pour d'autres missions de l'ONU, ces liens n'ont jamais constitué un obstacle à la prise de décision, ni entamé la cohésion d'ensemble, ils m'apparaissent tout à fait légitimes. Ils permettent l'information des gouvernements des nations participantes et les préparent à mieux réagir lorsqu'ils ont à s'exprimer au Conseil de Sécurité.

Je viens de parler de cohésion, c'est la plus belle qualité du chef que de savoir l'établir autour de lui ; Nambiar y a excellé et, en moins de trois mois, il a su créer une cellule soudée dont je vais être le premier à m'échapper au moins temporairement.

Chapitre III

LA KRAJINA

Juin 1992

La Krajina, coupée en deux secteurs Nord et Sud, est la province d'où est partie la rébellion serbe. C'est dans sa ville la plus importante Knin, que les Serbes ont établi leur capitale et c'est là qu'ils ont proclamé l'indépendance de la république serbe de Krajina censée étendre son autorité sur les deux parties de la Slavonie dont l'armée fédérale les a aidés à prendre le contrôle.

En fait, il n'en est rien. En Slavonie orientale mitoyenne de la Serbie, c'est Belgrade qui est et qui restera maître. En Slavonie occidentale, les Serbes savent bien qu'ils n'ont que peu de chances et de raisons de rester dominants. L'attitude des dirigeants locaux y est d'emblée beaucoup plus conciliante et ils coopèrent volontiers avec la FORPRONU.

La Krajina est géographiquement et historiquement très différente des plaines de la Slavonie. Croissant montagneux aux confins de l'Empire austro-hongrois, elle a été peuplée par les Habsbourg de colons serbes chargés d'arrêter les Turcs lorsqu'ils ont déferlé à travers la Bosnie. La terre et ses habitants sont pauvres. Le leader initial Babic, maire de Knin, s'est opposé au Plan Vance et Belgrade a réussi à le museler temporairement, le remplaçant par un ancien officier supérieur de la JNA, Hadzic, sans autorité réelle sur le Parlement de Knin.

Les extrémistes y font la loi. Auprès d'eux, Babic apparaît modéré et ils entendent bien s'opposer aux objectifs du plan de paix. Nos commandants de secteur, le Nigérien Bamahiyi et le Kenyan Rob, ont, dans ces conditions, toutes les peines du monde à remplir leur mission.

Nambiar s'est déjà rendu à plusieurs reprises sur le terrain, et en est pleinement conscient. Il accepte ma proposition de m'installer provisoirement au cœur du territoire. Ce n'est pas simple caprice de ma part, dans sa sagesse, Nambiar n'y aurait pas cédé.

C'est ainsi que fin mai, je pars avec mon équipe française de secrétaires et de radios et un groupe suédois de protection pour installer un

PC tactique dans l'hôtel de Titova Korenica, au sud du magnifique parc national des lacs de Plitvice.

Le voyage depuis Belgrade s'effectue sans encombre, avion jusqu'à Zagreb où je rencontre brièvement les autorités locales et où je rejoins la colonne routière avec laquelle je poursuis jusqu'à destination.

La ligne de démarcation se franchit à Karlovac dont les faubourgs ont été ravagés par la guerre et restent le lieu d'escarmouches et de tirs d'artillerie sporadiques.

Ce jour-là, le rituel est encore inchangé. Plus tard, nous parviendrons à réduire ce cérémonial à une simple formalité. Passé le dernier poste croate, nous rejoignons une voiture d'observateurs de l'ONU. En liaison radio avec leurs homologues en zone serbe, ils doivent préciser la composition de l'élément, demander la levée des barrages de mines et exiger la stricte observation du cessez-le-feu.

Après accord, souvent long à obtenir, le convoi s'engage au pas dans un désert bordé de squelettes de maisons qui autrefois formaient une rue animée. Un officier de l'ONU nous précède à pied en agitant un grand drapeau des Nations Unies. Un poste radio portable lui permet de rester en contact avec ceux qui nous attendent sur l'autre rive.

Nouvel arrêt pour un contrôle plus ou moins tatillon du petit chef local. Pour moi, tout cela n'est plus que routine, mais je me souviens encore de l'impression d'insolite que m'avait procurée ma première expérience lorsqu'avec Nambiar nous avions, il y a trois mois, franchi une telle ligne dans la région de Vukovar.

Comme j'ai eu le temps d'étudier un peu de serbo-croate au cours du premier mois de séjour, je baragouine quelques mots avec l'officier serbe, et cela détend l'atmosphère.

Plus qu'aucune autre, cette mission est une école de patience où il faut accepter de perdre des heures en palabres interminables. Les journalistes — et donc l'opinion — ont du mal à le comprendre, ils y voient une entrave à la liberté de circulation théoriquement garantie aux forces des Nations Unies. Il s'agit, en fait, de s'adapter aux conditions créées par l'absence de moyens de communication fiables et par la mentalité du soldat communiste auquel toute initiative a toujours été interdite.

Vous avez prévenu parfois plusieurs jours à l'avance de votre mouvement, mais votre démarche adressée à Zagreb, à Belgrade ou à Knin, si elle a été immédiatement agréée, n'est jamais parvenue aux extrémités de la chaîne jusqu'à l'exécutant. Or cet exécutant ne reçoit d'ordre que de son chef direct et tous les beaux papiers munis des cachets les plus impressionnants que vous pouvez lui produire, toutes les assurances que vous lui prodiguez, le laissent de marbre. Il en réfère à son chef et si celui-ci est en tournée, fait la sieste, ou doit lui-même contacter son supérieur hiérarchique alors «Treba da cekamo pet minuta», il faut que l'on attende cinq minutes.

Longues sont les minutes balkaniques! Qui ne les a pas comptées ne peut en avoir la notion.

Même quand tout est en ordre, le petit chef, votre interlocuteur, s'ennuie à la frontière de son désert des tartares, ou il est angoissé parce que ce désert s'agite dangereusement. Alors, pour se décharger de cette angoisse, il a besoin de parler, de se vider de son message pour dénoncer la perfidie de l'adversaire.

Nous devons le comprendre, nous sommes là pour cela. Puis l'ayant compris, il nous faut transmettre ce message à l'ennemi auquel il refuse encore de parler autrement qu'avec les armes.

Les journalistes, qui doivent informer au plus vite, s'en révoltent. Pour eux tout retard subi, tout contrôle imposé est pénalisant et humiliant et ils croient en toute bonne foi que pour nous il ne peut en être autrement. Faire abstraction de tout orgueil pour ne penser qu'à l'efficacité, tel est au contraire le guide de notre action.

La route se poursuit avec la traversée périodique des ruines de ce qui furent des hameaux, des villages, parfois des quartiers entiers. Ici, bien avant notre arrivée, tout a été fait pour chasser les autres et les dissuader de revenir.

De quels ravages ceux qui ont réveillé ces terreurs ancestrales sont-ils responsables !

Après une courte halte pour admirer les lacs de Plitvice, dont le site n'a pas été trop détérioré et dont les installations sont gardées par les Serbes pour en éviter le pillage, nous arrivons à Korenica où je retrouve les commandants de secteurs et leurs principaux collaborateurs.

Ils me répètent ce qu'ils ont dit à Nambiar dès la fin de leurs premières reconnaissances sur le terrain. Tout se passerait à peu près bien au sein d'une population qui n'est pas hostile, sans le problème de ces portions plus ou moins larges entre les frontières des zones protégées définies dans le Plan Vance et la ligne de front. Nous les baptiserons très vite «zones roses».

Lors de la négociation, l'hiver 1991, l'accord s'est fait dans les bureaux et les frontières provisoires ont été définies sur la carte à partir des limites administratives des communes passées sous contrôle serbe.

Depuis, l'offensive des Serbes leur a permis la conquête de nouveaux territoires au nord, le long de la rivière Una, à l'ouest dans la région de Gospic et surtout au sud près de la côte dalmate où les Serbes contrôlent un certain nombre de points stratégiquement et économiquement importants.

Ce sont ces points, Maslenica, Zemunik, Peruca Dam qui reviendront le plus souvent dans les communiqués. Le pont détruit de Maslenica sur l'autoroute côtière est pour les Croates d'une importance essentielle pour le rétablissement des communications routières entre Zagreb, Rijeka et Dubrovnik et pour le retour rapide du flux de devises apporté par les touristes. L'aéroport civil et militaire de Zadar à Zemunik était l'un des points où ces touristes débarquaient en foule avant la guerre. Enfin, le barrage réservoir de Peruca Dam commande l'alimentation en eau de toute la région.

Nous avons, dès le début, appelé l'attention de New York sur ce problème et insisté pour qu'il fasse l'objet d'un règlement. Cyrus Vance a tenté en vain de le renégocier. Les adversaires sont demeurés intraitables.

Pour les Croates, l'abandon temporaire de leur souveraineté sur les zones protégées est insupportable et l'objectif reste d'y permettre, le plus vite possible, le retour de leurs réfugiés. Ils savent que cela prendra bien du temps, si l'on y parvient jamais. Pas question de lâcher un pouce supplémentaire de terrain et partout où la ligne de front ne coïncide pas avec les limites du plan Vance, les Serbes doivent se retirer et l'autorité légitime être immédiatement restaurée.

Pour les Serbes, les régions qu'ils ont occupées sont celles où il existait une majorité de Serbes, leur abandon entraînerait l'exode de dizaine de milliers de villageois qui n'accepteront jamais de repasser sous l'autorité croate. Ils demandent donc aux forces des Nations Unies de se déployer sur les lignes de front existantes, faute de quoi ils n'accepteront pas de désarmer.

Pour l'heure, les premiers contingents arrivés se sont cantonnés à l'intérieur des zones protégées où leur présence a été bénéfique. Moins de deux mois après leur arrivée, les paysans retournent travailler leurs champs jusque sur les lignes de front. L'armée fédérale s'est presque entièrement retirée, disons qu'elle s'est dissoute dans le territoire. Quelques hommes ont été renvoyés sur Belgrade, la plupart, au prétexte invérifiable qu'ils sont nés dans la région, ont été démobilisés sur place et immédiatement incorporés dans des unités de défense territoriale obéissant aux autorités locales. Officiellement au moins, elles ne dépendent plus de Belgrade. Le général Mladic, commandant le corps de Knin, a présidé à ce «retrait» à la faveur duquel la quasi-totalité des armements, à l'exception des avions de combat, a été laissée sur place. Mladic restera dans la JNA et quittera très vite la Krajina pour réapparaître bientôt en Bosnie où je ne tarderai pas à le retrouver.

Le plan prévoit maintenant de démobiliser les forces de défense territoriale et de stocker leurs armes. Ne doivent plus subsister à l'intérieur des zones protégées que des policiers dotés d'armes individuelles. Cette distinction entre police et forces armées qui doivent être démobilisées n'a pas fini de nous donner du fil à retordre, car nous commençons à voir fleurir des uniformes bleus un peu partout, portés par les mêmes que nous avions connus sous l'étoile rouge de la JNA, puis l'écusson de la Défense territoriale. En même temps, ici et là, des ateliers de peinture bleue transforment les transports de troupes blindés en véhicules de maintien de l'ordre.

Tout cela est déplorable et certainement contraire à l'esprit du plan Vance mais les combats ont cessé à peu près partout, à l'exception des «zones roses» où les forces antagonistes sont toujours en présence avec la conséquence inéluctable de violations périodiques du cessez-le-feu.

Après un premier briefing qui n'a fait que confirmer et préciser ce que je savais déjà, je reste en conversation avec le colonel commandant le bataillon français dans la région. Je connais et apprécie les efforts qu'il a déployés depuis son arrivée à Gracac, multipliant sans souci des risques les contacts avec les deux parties dont il connaît les principaux responsables civils et militaires. Le colonel Meille, grand, sec, le visage fin, est passionné de son métier, aussi exigeant envers lui-même qu'envers ses hommes, totalement dévoué à sa mission. Il est considéré comme l'un des meilleurs officiers de sa génération.

Je l'écoute me préciser certains détails et développer ses propositions. Il ne voit pas d'autre solution qu'un déploiement au moins provisoire de postes d'observation et de patrouilles tout au long des lignes de front. Les troupes demeureraient stationnées à l'intérieur des limites définies par le Plan Vance, mais l'action d'éléments légers et mobiles combinée, côté croate, à celles des «hommes en blanc» de la Communauté européenne devrait suffire à pacifier les esprits et laisser le temps aux politiques des deux bords de trouver une solution.

Rêve ou, au contraire, conscience des réalités, nous n'allons cesser de préparer les conditions militaires d'une négociation politique dont nous pensons qu'elle est la seule solution raisonnable mais à laquelle les responsables ne cesseront de se dérober. Ce sera le même scénario avec des conséquences plus dramatiques encore en Bosnie.

Je décide de me rendre sans tarder à Knin pour y rencontrer les membres du «gouvernement» de la république autoproclamée serbe de Krajina. Auparavant je demande à Meille de m'organiser une rencontre privée avec Spanovic, le ministre de la défense qui apparaît comme le plus et peut-être le seul raisonnable des responsables locaux.

Nous nous retrouvons pour un dîner tous les trois dans un restaurant proche de Knin et l'homme me plaît. La quarantaine sportive, il vient de quitter l'armée fédérale où il commandait comme colonel une brigade. Un grand front intelligent, un sourire tour à tour désarmant ou carnassier sur des dents écartées, il est conscient de ses responsabilités à l'égard de ses compatriotes et semble réellement désireux de paix.

Ce soir-là, il me dit, bien entendu, la nécessité de régler le problème des zones roses et la solution proposée par Meille lui paraît un compromis acceptable. Il m'exprime son désir de rétablir au plus vite des relations commerciales avec les Croates et, à cette fin, de rouvrir les axes de communication et les moyens de distribution d'eau et d'électricité. Il me demande de l'aider à restaurer l'économie sans hésiter à dépenser nos propres ressources, en achetant dans le commerce local une partie de nos vivres, en particulier les fruits et légumes dont ils regorgent. Il voudrait donner à ses compatriotes la démonstration que le retour à la vie normale avec les Croates sert leurs intérêts vitaux à un moment où ils sont tentés de se replier sur eux-mêmes et de regarder vers Belgrade pour y trouver leur salut.

Il me demande de faire preuve de beaucoup de patience et de prudence avant d'organiser le retour des réfugiés, revendication prioritaire des Croates qui ne pourra être satisfaite tant que les conditions de leur sécurité n'auront pas été établies et nous en sommes loin.

C'est une attitude sage, mais le lendemain à Knin je m'aperçois qu'il est malheureusement le seul à avoir cette approche intelligente.

Je découvre en effet, ce jour-là, l'un des aspects de l'âme serbe auquel je ne cesserai de me trouver confronté, leur tendance à confier leur destinée à celui qui parle le plus fort, si bien que leurs assemblées se tiennent trop souvent dans le vacarme et la confusion la plus totale. La décision est emportée par les plus grandes gueules qui ne sont pas obligatoirement les plus avisées !

La nature m'ayant doté d'un organe puissant, j'apprendrai à en faire usage. Au fil des réunions ce privilège me confère une certaine forme de respect.

Ce premier meeting me met en présence d'un aréopage de présidents, vice-présidents, ministres flanqués de leurs propres conseillers militaires. Ils m'accueillent en m'assenant les sempiternels rappels à l'histoire, comme à Belgrade ou à Zagreb, mais ici c'est plus caricatural encore.

Après ce discours émaillé d'une liste d'atrocités commises il y a des décennies par les Oustachis, ces soldats croates d'Ante Pavelic qui en 1941 se sont mis au service de l'Allemange nazie, c'est le procès du Français que je suis, coupable d'avoir sacrifié la profonde amitié franco-arabe pour suivre avec la Communauté européenne l'influence démoniaque des Allemands qui, avec le Vatican, sont les instigateurs du complot destiné à rayer la Serbie de la carte du monde. La preuve de notre perfidie est étayée du fait que le contingent français comporte des

Croates qui sont là pour espionner au bénéfice de leurs compatriotes les valeureuses armées du peuple serbe ! Démonstration faite de notre malveillance : une de leurs positions a été bombardée immédiatement après le passage d'une patrouille française !

Surpris de la virulence du propos, je rétorque calmement que nous avons dans notre contingent quelques appelés descendants de l'immigration yougoslave, français de la deuxième ou troisième génération et qui ne peuvent être suspectés de défendre une autre cause que celle que les Nations Unies nous ont chargés de promouvoir, celle de la paix. J'indique très fermement que je refuse ce genre de procès et que ne céderai en aucun cas à ce type de chantage, en éloignant comme ils me le demandent ceux qu'ils considèrent indésirables et dont je me porte garant de la bonne volonté.

C'est alors au commandant de la Force des Nations Unies que l'on s'adresse pour lui reprocher le comportement du contingent polonais, doté d'un chapelain catholique, représentant personnel du pape Jean-Paul II et du Vatican exécré.

Le propos prête à sourire et ne me paraît pas mériter d'autre commentaire. Je tente de les ramener au vif du sujet qui reste pour moi d'entendre leurs propositions pour résoudre la question des zones roses.

Nous avons perdu plus d'une heure à ces préliminaires mais je devrai m'y habituer car à chaque rencontre nouvelle je me trouverai confronté au même type de comportement. C'est le résultat de l'empreinte laissée dans les esprits slaves, déjà enclins à l'affrontement, par la formation communiste à laquelle ils ont été soumis. La dialectique consiste à désarçonner l'interlocuteur en lui faisant comprendre d'emblée son indignité. Dans cette partie des Balkans où les luttes n'ont pas cessé pour établir au fil des siècles des relations de domination d'une communauté sur les autres, où l'on n'est homme que dominateur, il semble qu'il ne puisse y avoir d'autre attitude. Je la retrouverai toujours autant chez les Croates et les Bosniaques qu'aujourd'hui chez les Serbes.

Lorsque enfin les discussions sérieuses commencent, c'est pour m'entendre répéter que toutes ces terres sur lesquelles ils ont établi leur contrôle, au prix de maints sacrifices, appartiennent au patrimoine sacré de la nation serbe et qu'il ne saurait être question d'en livrer le moindre pouce carré à la domination du fascisme croate. Il nous est donc demandé de nous retirer de l'intérieur des provinces serbes, où ils sont assez grands et assez forts pour faire régner l'ordre, et de nous déployer tout au long des lignes de front pour en garantir le non-franchissement par les forces régulières ou irrégulières croates. Quand je fais remarquer qu'il y faudrait plus de forces que celles dont nous disposons et que cela ne correspond ni à l'esprit ni à la lettre du plan Vance, on me répond que ce plan de paix n'a pas été négocié avec eux, les plus intéressés, qu'il faut le renégocier ainsi que les moyens de sa mise en œuvre.

Avec patience, j'essaye de faire comprendre que New York est parfaitement informé de cela, que la fin d'une guerre n'est possible que lorsque les deux protagonistes acceptent des compromis et que le plan Vance en est précisément le résultat.

J'expose alors, sous réserve d'un accord du Conseil de Sécurité, ma proposition d'établir tout au long des limites des zones protégées un corridor sanitaire démilitarisé contrôlé par des observateurs sans armes des Nations Unies et de la Communauté européenne. Là où les limites des zones protégées coïncident avec la ligne de front, ce corridor serait obtenu par retrait simultané des deux armées de part et d'autre de la ligne de démarcation. Partout ailleurs, il s'étendrait entre la ligne de front et les frontières reconnues. C'est dire que seules les forces serbes auraient à s'en retirer, le respect des droits des populations serbes étant garanti par la présence des observateurs internationaux. Je précise mon propos par un croquis pour être sûr de bien me faire comprendre. Ce projet est celui que j'ai discuté avec leur ministre de la Défense et j'en soumettrai le principe au général Nambiar.

Pour le défendre et pour qu'il puisse être ensuite défendu auprès du secrétaire général des Nations Unies, il nous faut les preuves de leur bonne volonté et de leur réel désir de paix. Il faut au minimum qu'il soit assorti d'un calendrier, aussi précis que possible, des opérations de démilitarisation. Ce que je demande au général commandant la Défense territoriale de me soumettre sans tarder avec la désignation des entrepôts où devront être stockées les armes lourdes.

Nous nous séparons après accord sur ce dernier point, que je comprends comme un accord tacite sur le premier, de beaucoup le plus important.

Je reçois, deux ou trois jours plus tard, un document signé du ministre de la Défense Spanovic donnant sur carte l'essentiel des renseignements demandés. Je l'emporte à Zagreb pour en discuter les termes avec Nambiar et les représentants de la Communauté européenne.

L'idée est séduisante et nos correspondants croates se laissent convaincre qu'elle est la seule susceptible d'interdire le déclenchement de nouveaux conflits.

Le concept est approfondi avec les commandants de secteur, rediscuté avec les autorités croates qui finissent par sembler accepter le principe d'une démilitarisation des zones roses, sur lesquelles l'armée croate s'engagerait à ne pas pénétrer, avant qu'une commission mixte regroupant les Croates et les Serbes de Knin ait établi les conditions de restauration de l'autorité légitime.

C'est une satisfaction importante donnée aux exigences du «gouvernement» de Knin, qui écarte l'argument que son sort aurait été décidé sans qu'il ait été consulté.

Cette décision convient au «président» Hadzic et à son ministre de la Défense. Malheureusement, dans la lutte qui les oppose aux plus extrémistes, ils n'auront pas le dernier mot.

Lorsque après ces premiers tours de table, je retourne à Knin, je m'en aperçois aussitôt. Cette fois, la réunion est présidée par un «vice-président» nouvellement apparu. C'est un petit taureau furieux qui exerce dans sa municipalité une autorité de caractère maffieux. Il a l'air de ce qu'il est, un vulgaire petit gangster. Aux limites de l'apoplexie, il tonitrue que jamais les Serbes n'abandonneront un seul de leurs frères de race et qu'il préfère mourir dans les tranchées que consentir à une telle trahison. Il exige à nouveau le déploiement des forces de l'ONU tout au long des lignes de front.

Je me fâche vraiment, mettant fin à la séance, en le rendant personnellement responsable des nouvelles morts à venir. Ses conseillers sont blêmes. Il me court après dans l'escalier. Je refuse de reprendre les négociations.

Quelques jours plus tard, les forces croates lanceront dans la région sud de Knin, en zone rose, une offensive limitée, dont le gouvernement de Zagreb attribuera l'initiative aux chefs locaux exasperés qu'aucun progrès n'ait été fait. Cette offensive leur permettra d'occuper en quelques heures une large bande de terrain incluant des villages à majorité croate. Elle coûtera de nombreuses pertes aux forces serbes.

Après ce coup de semonce et sous la pression du Conseil de Sécurité, les Croates acceptent à contrecœur la mise en œuvre d'une résolution basée sur les principes énoncés plus haut, ce sera la SCR 762[1].

Après le retour des forces croates sur les positions qu'elles occupaient avant l'offensive, la démilitarisation complète commencera en même temps que les travaux de la commission mixte confiée à la présidence de Cedric Thornberry.

Il semble que cette résolution aurait dû faire l'accord de tous. Il n'en est rien. De part et d'autre, on sait que là est la raison, mais, de part et d'autre, on reste prisonnier des plus extrémistes.

Parce qu'ils tremblent pour leur poste, et même pour leur vie, les responsables politiques ont pour leurs peuples un langage totalement différent de celui qu'ils tiennent à la table des négociations. C'est encore plus vrai chez les Serbes. Ce double langage, cette mauvaise foi, je les retrouverai ailleurs.

Plus que de la mauvaise foi, c'est un manque de courage politique. Peut-être qu'un tel courage serait vraiment suicidaire, comme tente de m'en convaincre Spanovic, à qui je ne cache pas mes rancœurs.

Les Croates acceptent de retirer leurs troupes de la région occupée dans l'offensive, mais lais-

1. Sécurity Council Resolution.

sent derrière eux une «police» forte de plus de quatre-vingts hommes armés, prétexte immédiatement saisi par les Serbes pour stopper leur propre retrait et réoccuper des positions abandonnées un court moment.

Dans ces conditions, les négociations entreprises par Cedric Thornberry piétinent. C'est tout juste si, de temps à autre, il parvient à rassembler les protagonistes pour de vagues promesses immédiatement trahies.

L'été s'avance et nos forces déployées dans les zones roses courent de plus en plus de risques. Initialement du fait des mines dont la région est truffée, mais, très vite, du fait de leur position fausse sur un terrain qu'elles n'ont plus mission de protéger mais de démilitariser.

Le capitaine Llinarès qui vient de prendre le commandement de la 5e Compagnie du bataillon français de Gracac a reçu l'ordre de se déployer sur l'aéroport pour permettre le retrait des forces serbes avant la réouverture à des fins uniquement civiles.

Il était auparavant officier de liaison du bataillon auprès des forces croates où il s'est fait par son rayonnement et son engagement personnel de nombreux amis.

Le matin du 18 juillet une mine saute sur l'aéroport à proximité de la ligne de front. Llinarès décide de s'y porter avec son adjoint le lieutenant Capo. Des sentinelles postées sur un mirador voisin les voient disparaître dans un ouragan de fer et de feu. Ont-ils mis accidentellement à feu une charge de destruction ? L'explosion a-t-elle été télécommandée ? Nous ne le saurons jamais.

Llinarès et Capo ne sont pas les premiers de nos hommes à donner leur vie pour cette mission. Nous en avons déjà perdu trois autres du fait d'un accident de circulation. Leur disparition est d'autant plus durement ressentie par l'opinion française que celle-ci commence à douter de l'utilité de la mission.

Sur le terrain, nous savons que notre présence est indispensable. Nous savons qu'avant notre arrivée, ce pays était à feu et à sang et qu'il a toutes chances de s'y retrouver si nous devons nous retirer avant l'instauration d'une paix durable fondée sur un accord sans arrière-pensée. Nous en sommes loin encore, mais heureusement nous ne le savons pas.

Je poursuis donc les allées et venues entre Knin, Zagreb et Belgrade pour tenter au niveau militaire de faire avancer la situation, alors que Thornberry s'efforce de la faire bouger au niveau politique.

J'alterne les rencontres avec les différents chefs locaux et les visites aux bataillons de l'ONU. Celles-ci me permettent de trouver au contact de nos hommes l'énergie et la confiance nécessaires pour poursuivre celles-là.

A l'ouest du secteur Nord, les Danois ont fait un effort remarquable pour l'encadrement et l'équipement de leur bataillon. En fait, le commandement en est assuré par un ancien colonel qui vient de quitter le commandement d'une brigade, prenant avec lui l'essentiel de son état-major. Ils ont respecté le contrat de l'ONU et ne disposent que de quinze engins blindés, mais leur implantation dans une zone où il y a eu peu de combats, peu de mines, leur permet de ne pas prendre de risques inutiles en limitant l'emploi des blindés aux abords immédiats de la ligne de front.

Le PC est déployé pour l'essentiel sous tentes. Il faudra mettre en place des éléments préfabriqués avant l'hiver. Les commandes sont passées et on peut espérer que le montage en sera effectué à temps. Le confort est déjà tout à fait acceptable et le moral des hommes excellent.

Les relations avec le PC du secteur ont été à l'origine très tendues. Le colonel n'acceptait pas la façon très autoritaire de commander du général Bamahiyi. Il a fallu la visite de Nambiar, après la mienne du début avril, pour que de meilleurs rapports s'établissent. Ce qui est fait,

Bamahiyi ayant accepté de déléguer davantage à un chef de corps en qui nous lui avons dit qu'il pouvait avoir toute confiance et qui jouit maintenant de toute la marge d'initiative requise. Il entretient de bonnes relations avec le chef serbe local. Il n'y a pratiquement pas d'affrontement avec les forces croates de l'autre côté de la rivière. En revanche les escarmouches se multiplient sur la frontière bosniaque avec les forces essentiellement musulmanes de la poche de Bihac, que les Serbes accusent les Croates de ravitailler en armes et munitions.

Au centre du secteur, le bataillon nigérien achève à peine son déploiement. Il n'est arrivé qu'en juin et s'est installé sur les positions reconnues puis temporairement occupées par les Danois. Après quelques inévitables difficultés d'adaptation au climat, aux conditions de vie, d'alimentation et d'hygiène, les soldats nigériens commencent, avec l'extraordinaire bonne humeur des Africains, à se faire au terrain et à la mission. La discipline est très britannique, dans son expression au moins, et le sergent-major, son stick sous le bras, y tient le même rôle éminent que son homologue anglais. Les hommes habitués aux ravages des luttes tribales, n'ont pas l'air trop perdus dans cet environnement. La situation n'est en effet pas très claire dans la zone de stationnement. Le maire de Virginmost, qui coopérait très efficacement avec la FORPRONU, vient d'être assassiné, et on ne sait pas encore s'il s'agit d'un crime passionnel ou si ce meurtre est l'aboutissement des luttes entre Serbes extrémistes et modérés.

Peu d'incidents ici avec l'armée croate, ce qui donne au bataillon le temps de trouver ses marques.

Au sud-est enfin, mitoyens des Tchèques du secteur Sud, les Polonais ont installé leur PC à Slunj dans un hôtel presque entièrement dévasté qu'ils retapent, avec les moyens du bord. Ils ont été très mal accueillis dans cette ville qui autrefois comptait plus de 40 % de Croates et où toutes les églises catholiques ont été détruites. Comme je l'ai dit, on les accuse de complicité avec le Vatican et les autorités serbes accumulent à leur égard les entraves à la liberté de mouvement et toutes les occasions de vexation.

Plus au sud, le PC du bataillon tchécoslovaque est lui-même installé à Titova Korenica dans un village de vacances aux bungalows confortables. Comme pour les Polonais, leurs équipements sont d'origine soviétique, rustiques, sans aucune recherche en matière de confort des équipages, mais relativement fiables.

Après accord au niveau des ministères intéressés, une coopération efficace s'est instaurée entre les bataillons français et tchécoslovaques.

Le problème du bataillon tchécoslovaque tient au fait qu'il est constitué à peu près pour moitié de Tchèques et de Slovaques, qui ne comprennent rien aux luttes politiques préparant la séparation de leurs deux nations au sein de leur confédération. Ils s'en préoccupent d'autant plus qu'ils voient ici les conséquences tragiques des excès du nationalisme.

Cependant, aucun heurt ne se produira et le bataillon se révélera rapidement très opérationnel, malgré son manque de véhicules blindés qui le rend moins mobile que son voisin français. Pour se déployer dans les zones roses, les Français leur fourniront, comme aux Kenyans, des véhicules blindés d'appoint avec leurs équipages.

Au centre du secteur Sud, premier arrivé sur les lieux, beaucoup mieux équipé que les autres, le bataillon français du colonel Meille, d'abord regardé avec méfiance par les Serbes, s'est rapidement imposé par sa détermination, son engagement, sa capacité de réaction. Composé de professionnels originaires de la 9e Division d'infanterie de marine, rompus aux interventions extérieures, il a su, en deux ou trois occasions, inspirer le respect tant aux Serbes qu'aux Croates. Le commandement du secteur a de ce fait tendance à lui en demander presque trop, ce qui provoque l'usure des matériels à un rythme accéléré et la fatigue des personnels.

A l'extrême sud enfin, à Knin, le bataillon kenyan est établi autour du PC de son commandant de secteur, le général Rob.

Les Kenyans, en arrivant sur place, ont cherché à se ménager les bonnes grâces des Serbes avec lesquels ils arrivent à carrément cohabiter et auxquels ils rendent de temps en temps des services à la limite du trafic. Tout se sait dans ce pays, les Croates en sont très vite avisés et nous en font grief.

Je mets les choses au point au cours d'une inspection à laquelle participe le général Rob. Je donne les directives nécessaires qui sont très rapidement exécutées, par cette troupe très bien tenue et disciplinée.

Les Kenyans n'en garderont pas moins, auprès des Croates et, à travers eux, auprès de l'opinion, la réputation d'être des trafiquants sans foi ni loi. Elle est totalement injustifiée.

Les six bataillons constituent un ensemble très hétérogène où les liaisons ne s'établissent pas facilement en raison des problèmes de langue et de compatibilité des matériels. Ce n'est pas l'outil dont j'aurais rêvé pour partir en campagne. Mais une chose rassemble ces hommes, la foi dans leur mission, et avec leurs qualités propres ils s'emploient de leur mieux à la remplir. Ils sont mal installés, pour la plupart mal payés. Mais ils sont soldats et la fraternité extraordinaire de la vie en campagne leur permet de tenir le coup dans les tâches quotidiennes.

Ces tâches ne sont pourtant pas toujours passionnantes. Patrouilles, gardes, escortes de convois, contrôles routiers se succèdent à l'occasion desquels il faut exercer la vertu cardinale du soldat, la patience. En règle générale la guerre est faite de longues périodes d'attente, entrecoupées soudain par le paroxysme et la fureur des combats. Dans une mission comme la nôtre, les moments d'exaltation sont rares. C'est entrer dans une ville ou un village qui attendait l'arrivée de l'aide humanitaire et qui vous fait fête. C'est répondre au salut joyeux des habitants qui la plupart du temps ne se laissent aller à ces démonstrations que s'ils sont sûrs de ne pas être observés par leur voisin. C'est contempler les jeux, les rires des enfants dont on sait bien qu'ils ne les retrouvent que parce que notre présence les rassure.

Exceptionnelles sont également les phases où l'on est réellement exposé au danger : le cheminement dans une zone minée, le harcèlement par des tirs d'artillerie ou de mortiers, le tir des snipers, tous ces moments dont on sort avec la joie d'avoir risqué sa peau et de s'en être tiré, tous ces moments qui donnent son prix à la vie.

Ce qui fait le plus souffrir tous ces hommes, ce ne sont pas les privations ni les servitudes, c'est le sentiment d'être mal compris et peu soutenus par l'opinion publique.

Il nous faut décidément nous efforcer de nous faire mieux comprendre des médias. Nambiar en est conscient, mais ne dispose guère de moyens pour renverser le courant d'opinion. A nous donc, les chefs à tous les niveaux, de nous engager résolument dans cette entreprise.

Entre palabres avec les autorités locales civiles et militaires, visites aux unités, rencontres avec les journalistes, rapports à New York, Belgrade où est toujours Nambiar, Paris, mon emploi du temps ne me laisse guère de loisirs et un mois et demi à ce rythme a passé comme un jour, lorsque Nambiar me demande de rentrer sur le PC.

Adieu donc Titova Korenica, petite bourgade alignée au long d'une avenue plantée d'arbres qui me rappelle les localités du Sud-Oranais. Adieu à l'hôtelier et à ses employés qui nous voient partir avec tristesse. Adieu à ces paysages magnifiques et à leurs habitants attachants dans leur rudesse et parfois leur folie. Nous bouclons les sacs et rentrons sans nous retourner.

Chapitre IV

LA NEGOCIATION SUR DUBROVNIK ET LA SITUATION EN BOSNIE

Juillet-août 1992

Si Nambiar m'a demandé de rentrer, c'est d'abord parce qu'il a décidé de céder aux instances de New York et de transporter son PC de Belgrade à Zagreb, ensuite qu'il a d'autres missions à me confier.

Dès que la décision fut prise de quitter Sarajevo nous avions annoncé notre intention de séjourner alternativement à Belgrade et Zagreb pour ne pas prêter à la critique d'avoir choisi, avec une capitale, un camp.

Le Conseil de Sécurité vient de décider le renforcement des sanctions contre la Serbie et le Monténégro. Belgrade est coupée du monde. Les ambassades ne fonctionnent plus qu'avec un personnel restreint; les vols internationaux sont suspendus. New York craint à la fois que le maintien du PC de la FORPRONU soit interprété comme une faiblesse de notre part à l'égard des Serbes et qu'il nous expose à des représailles.

Mais il faut préparer les installations. A Zagreb, notre garnison sur l'aéroport de Pleso, où se trouve l'essentiel des fonctions logistiques, est déjà complèment saturée.

Nous visitons donc plusieurs bâtiments proposés dans Zagreb même par le gouvernement croate et arrêtons notre choix sur une ancienne caserne d'intendance au centre-ville.

Fin juillet, le transfert est possible, bien que les plâtres des aménagements indispensables ne soient pas encore secs.

Dès mon arrivée, sans même avoir le temps de déboucler les valises, Nambiar me demande de tenter avec l'aide de la Communauté européenne de débloquer la situation dans la région de Dubrovnik, seule partie de la Croatie dont l'armée fédérale refuse encore de se retirer.

Avec mon homologue et ami David Cranston, distingué général de division britanique, adjoint opérationnel de la mission européenne, je retrouve à cet effet l'état-major de l'armée croate et les représentants du gouvernement. Je les connais déjà pour avoir longuement négocié avec eux les problèmes de la Krajina.

A la tête de l'état-major, le général Tus, ancien chef d'état-major de l'armée de l'air fédérale. Il venait de prendre sa retraite quand le conflit a éclaté et s'est retrouvé au commandement de l'armée croate, contre ses collègues et amis demeurés dans l'armée fédérale. Les Serbes lui reprochent cette trahison qu'ils attribuent à son ambition exagérée. En fait, c'est vraisemblablement un patriote sincère, un homme sensible et bon qui n'avait guère d'autre choix. Tous les Croates anciens officiers de la JNA qui ont servi avec fidélité pendant des décennies la cause yougoslave ont vécu le même problème quand les circonstances ont amené l'éclatement de la Fédération dont la plupart ne voulaient pas et l'embrasement que tous ont sincèrement essayé d'éviter. Il leur a fallu choisir leur camp. Cela s'est avéré particulièrement douloureux pour beaucoup d'entre eux qui avaient fait leur carrière à l'extérieur de la Croatie et épousé des Serbes.

Le général Tus est très grand, toujours très calme, il parle peu, toujours avec une grande courtoisie. Sûr de lui, très écouté du président croate Tudjman, il n'éprouve pas comme d'autres le besoin de s'affirmer dans l'agressivité.

Pour tenter de régler le problème de Dubrovnik et de sa région, c'est le général Bobetko, commandant le corps d'armée croate, qui est le négociateur désigné. C'est un ancien général de Tito, nommé à ce grade quand j'étais encore étudiant. Petit, rond, il ressemble dans sa veste de combat à une babouchka. Jovial et malin, il est un redoutable débatteur.

Côté politique enfin, Monsieur Romljak préside les relations entre le gouvernement croate et la FORPRONU. Très brun, élégant, intelligent, il est d'un contact agréable, sans ambition personnelle et modéré.

L'imbroglio où nous nous trouvons dans cette région de Dubrovnik tient à des raisons stratégiques. Belgrade refuse d'évacuer la côte dalmate tant que n'aura pas été réglé le sort de la base navale de Kola au Monténégro, à l'est de la péninsule de Prevlaka.

Dans cette péninsule inhabitée se trouvent concentrées les défenses côtières qui commandent l'accès à la base navale la plus importante de l'ancienne Yougoslavie. Les Serbes refusent qu'elle puisse passer sous contrôle de l'armée croate et demandent qu'elle soit démilitarisée et occupée par les Nations Unies. Les Croates n'entendent pas si facilement abandonner leur souveraineté sur la région et exigent une démilitarisation symétrique des défenses yougoslaves à l'est de la passe d'entrée. La situation se complique du fait des combats en Bosnie dans la région de Trebinje, au nord et à portée de canon de Dubrovnik.

L'armée croate y prête ouvertement assistance à l'armée de la République bosniaque et les combats y sont très violents.

Les négociations finales se déroulent le 29 juillet au large de Dubrovnik, où David Cranston et moi-même accueillons à bord de la frégate HMS *Avenger* une délégation croate conduite par le général Bobetko et une délégation serbe menée par le général de corps d'armée Stugar, un vaillant soldat respecté des Croates eux-mêmes pour sa droiture.

Le moment est émouvant. Après un premier contact très froid, l'atmosphère se détend rapidement grâce à l'hospitalité du commandant britannique. La plupart des officiers de part et d'autre se connaissent de longue date, certains sont camarades de promotion des académies de la JNA et ils se retrouvent avec une réserve voulue mais un plaisir certain.

Après plusieurs heures de discussion, un accord est signé sur les modalités de retrait de l'armée fédérale. Il ne sera mis en œuvre qu'un bon mois plus tard après des aller et retour entre les politiques qui auront beaucoup de mal à l'entériner.

Quand on y réfléchit, toutes ces disputes paraissent stériles. Elles ne portent que sur la possession de quelques batteries côtières dont l'importance stratégique pour la défense d'une base navale était évidente il y a cinquante ans, mais ne l'est plus à l'époque des missiles de croisière dont les portées sont bien supérieures à celles des canons classiques.

Cela les politiques ne le savent pas ou veulent l'ignorer, prisonniers qu'ils sont d'une opinion publique elle-même ignorante.

C'est un problème de souveraineté où la fierté nationale est telle que les compromis sont quasi impossibles, surtout quand l'affaire a été portée sur la place publique. C'est le problème le plus difficile auquel se heurtent et continueront de se heurter les négociateurs de Genève qui enragent que la paix ne puisse s'établir quand tout le monde la réclame, seulement parce que la possession de quelques arpents de terre, ici ou là, ne peut être abandonnée sans que cela soit perçu comme une trahison des intérêts vitaux de l'une ou l'autre nation.

C'est là où il me paraît que les forces des Nations Unies pourraient avoir un rôle très efficace, comme ce sera le cas pour la péninsule de Prevlaka, en figeant la situation dans ces territoires contestés et en laissant le temps de régler par une négociation nécessairement longue les querelles de bornage. Nous en reparlerons à propos de la Bosnie.

En Bosnie précisément les choses vont mal. Nous n'avons toujours pas de mandat officiel dans la région, à l'exception de Sarajevo où le conseil de sécurité nous a demandé d'assurer l'ouverture de l'aéroport pour la mise en place d'un pont aérien qui permettra l'acheminement de l'aide humanitaire. A cet effet, un nouveau secteur a été créé, placé sous le commandement de Mac Kenzie qui a laissé son poste de chef d'état-major au Danois Svend Harders.

Le bataillon canadien venu de Daruvar dans le secteur Ouest a été expédié initialement en renfort des quelque cent Français restés à Sarajevo. Il est rejoint très vite puis relevé par trois petits bataillons d'infanterie de 500 hommes, un français, le Frenchbat 2, un ukrainien et un égyptien.

On sait la part que le président Mitterrand a prise à la réouverture de l'aéroport par son initiative extraordinairement hardie du 28 juin qui a permis de brusquer la mise en œuvre d'accords obtenus très difficilement de la part des Serbes.

Le rôle du Président a été décisif car c'est lui qui a obtenu du président Izetbegovic l'engagement qu'il ne mettrait pas à profit le retrait des forces serbes pour s'emparer de l'aéroport dont il laisserait le contrôle à la FORPRONU.

Dans la foulée de cette démarche, l'état-major français posait, dès le lendemain 29 juin, le premier avion sur l'aéroport contre l'avis de Mac Kenzie qui aurait préféré consolider encore pendant quelques jours ses positions.

J'ai suivi tout cela de Belgrade avec les tremblements que l'on peut imaginer. Je n'ai été informé que lorsque le Président volait déjà avec Monsieur Bernard Kouchner entre Lisbonne et Split sans nous avoir consultés.

Il avait en cela bien fait car notre avis aurait naturellement été défavorable et nous n'aurions pas manqué de souligner les risques réels de l'opération.

Après ce coup d'éclat salué par tous les médias et toutes les chancelleries, Mac Kenzie se trouve confronté à des difficultés insurmontables. Il ne suffit pas de faire poser les avions, il faut les décharger et acheminer vers la ville les tonnes d'aide humanitaire qui commencent à parvenir à un rythme croissant.

La France, une fois de plus, fait un effort très important en mettant en place ses commandos de l'air qui assureront le renfort des Canadiens et la sécurité immédiate des pistes. Ses spécialistes aviateurs et sapeurs se chargeront de la mise en œuvre de la plate-forme abandonnée depuis des mois par ses anciens exploitants civils.

Mac Kenzie doit négocier le stationnement des bataillons de renfort avant leur arrivée, l'ouverture de corridors routiers à travers les lignes et surtout les cessez-le-feu locaux indispensables à la poursuite de son action.

C'est alors qu'il commence à s'opposer à la présidence et à l'armée bosniaques. Au sein de ces organismes, nombreux sont ceux qui pensent que les vrais besoins ne sont pas de nourriture mais de moyens de combat, et qui prônent la poursuite et l'intensification de la lutte pour, au mieux, obtenir une intervention internationale à leur profit, au pire, rompre l'encerclement de la ville.

La plupart des collaborateurs immédiats du président Izetbegovic, le ministre des Affaires étrangères Sisladzic, l'ambassadeur à l'ONU Sacirbey, le vice-président Ganic, le ministre à l'Aide humanitaire Lagumdzia, et bien d'autres, ont fait leurs études aux Etats-Unis et y ont conservé de nombreuses relations. On les appelle parfois la «mafia américaine». Ceux-là pensent qu'une intervention des Etats-Unis est possible. Dans leur situation désespérée sur le plan militaire, tous la croient indispensable. Elle ne sera possible que si l'opinion publique internationale continue de s'intéresser au sort de la Bosnie. Toute accalmie à Sarajevo, sur le sort de laquelle les médias sont focalisés, ne ferait qu'éloigner cette perspective. Il n'est pas de leur intérêt de laisser s'installer le cessez-le-feu accepté au moment de la réouverture de l'aéroport.

Mac Kenzie ne peut pas le comprendre. Il lui faut ce cessez-le-feu pour remplir sa mission. Les Serbes qui ont tout à y gagner l'acceptent et jouent à peu près le jeu. Les provocations, allant jusqu'à la prise à partie des casques bleus, sont le fait des Bosniaques. Mac Kenzie n'hésite pas, comme c'est son devoir, à les dénoncer. Il devient très vite indésirable et en prend conscience.

Fin juillet, il décide que l'hostilité à son égard met en danger la vie de ses propres hommes et la poursuite de la mission. Après en avoir référé à Nambiar et à New York, il démissionne. Le colonel français d'Avoust d'Auerstedt, son adjoint, prend provisoirement le commandement du secteur en attendant l'arrivée d'un général égyptien. La situation est de plus en plus tendue et Nambiar me demande de me rendre sur les lieux pour aviser des mesures à prendre.

J'arrive à Sarajevo, le 4 août, et j'y trouve en effet une tension extraordinaire. Les Ukrainiens viennent de perdre un lieutenant, et ils ont des blessés parmi les servants d'une pièce radar anti-canon. Déployés sur une hauteur nord de la ville, ils s'emploient à fortifier une position que j'estime intenable. J'en ordonne l'évacuation.

Les Egyptiens viennent de débarquer, sans gilets pare-balles, et sont stationnés à l'ouest de la ville dans un bivouac qu'ils partagent avec l'armée bosniaque.

Dès leur arrivée, ils ont été soumis aux harcèlements de l'artillerie et des snipers serbes. Ils sont terrés dans quelques baraques en ciment qui n'offrent de protection qu'illusoire. Ils n'ont même pas pu décharger les containers de matériel et de munitions qui restent stockés dans la cour et dont quelques-uns sautent régulièrement sous l'impact des obus serbes. Je ne fais qu'un tour rapide sur la position et j'en ordonne également l'évacuation. Les officiers supérieurs égyptiens et leurs hommes m'en gardent aujourd'hui encore une reconnaissance touchante.

Je rentre enfin au PC du secteur, le PTT Building, que je retrouve avec émotion. Peu après mon arrivée, il est soumis à des tirs directs de chars et d'artillerie. C'est miracle qu'il n'y ait que quelques blessés, car des coups entrent au second étage dans des chambres que leurs occupants viennent à peine de quitter. D'Avoust, très calme, décide d'évacuer cet étage comme les deux étages supérieurs et de replier tous ses hommes entre les bunkers du 2e sous-sol et le 1er étage dont les défenses sont renforcées par des sacs de sable.

Sur l'aéroport les hommes s'affairent à renforcer les œuvres vives, à creuser des abris et des tranchées. Ils sont littéralement pris entre deux feux et il faut tout le sang-froid de leurs chefs pour que la panique ne s'installe pas.

Je repars le lendemain pour Zagreb en leur promettant à tous de revenir bientôt à leur tête. Il m'y faudra trois mois.

Dès mon retour, je fais rapport à Nambiar et nous préparons ensemble le compte rendu à New York. Nos hommes sont formidables mais on ne peut les laisser longtemps exposés comme ils le sont dans cette situation inextricable.

En même temps que nous, les hommes et les femmes du Haut-Commissariat aux réfugiés ne restent pas inactifs. Chassés de leurs terres par l'intimidation et les massacres, des centaines de milliers de personnes déplacées se sont accumulées dans la poche de Bihac au nord-ouest, dans la région de Travnik-Vitez en Bosnie centrale, dans la région de Tuzla à l'est, sans parler des trois cent mille habitants assiégés dans Sarajevo.

Les spécialistes estiment que, dans ces conditions, un million cinq cent mille personnes risquent de ne pas survivre à l'hiver.

C'est l'époque où commencent d'être révélés, et parfois exagérés, les atrocités commises dans les camps, les viols, les assassinats, les destructions d'installations vitales, le cortège des exactions commises par des troupes sans contrôle et sans loi. L'opinion s'en émeut et la pression se fait de plus en plus forte au siège des Nations Unies dont les ressources en hommes et en argent sont largement épuisées.

A défaut d'une intervention militaire que le Conseil de Sécurité se refuse à envisager, le principe d'une opération d'aide humanitaire est retenu et avant même que le mandat ne nous en soit donné, nous commençons d'en étudier les modalités avec l'envoyé spécial de l'UNHCR[1] à Zagreb, l'Espagnol José Maria Mendaluce.

Celui-ci, entouré d'un petit état-major, nous indique que les efforts doivent se porter sur l'installation de dépôts centraux dans la région de Travnik-Vitez et Tuzla qui devront être ravitaillées à partir de Split en Croatie, tandis que la poche de Bihac devra l'être à partir de Za-

1. Haut Comité aux Réfugiés de l'ONU.

greb et la Bosnie orientale à partir de Belgrade.

Nous avons déjà notre base logistique solidement implantée à Zagreb et Belgrade et les routes ouvertes à partir de là pour le ravitaillement de nos propres forces respectivement en Krajina et à Sarajevo.

Reste donc à équiper Split où nous n'avons qu'un petit détachement d'escale aérienne, et à ouvrir les routes entre Split et la Bosnie centrale, via Grude tenue par les milices croates HVO, et surtout Mostar.

Les études de notre état-major montrent qu'il faudra à cette fin disposer d'au moins quatre bataillons d'infanterie supplémentaires qui pourraient être stationnés en première analyse, autour de Bihac, Banja Luka en zone serbe au centre de la Bosnie, Tuzla et Mostar. Après accord de l'UNHCR, nous transmettons le résultat de ces premières études à New York.

New York obtient alors de la France, du Royaume-Uni, du Canada et de l'Espagne l'engagement qu'ils mettront chacun sur pied à leurs frais un fort bataillon d'infanterie. La Hollande et la Belgique s'associent pour former un bataillon de transport, les Danois fourniront les éléments de quartier général, les Français associés aux Anglais donneront une unité d'aviation légère de l'armée de terre, enfin les Français encore mettront un bataillon du génie à la disposition de cette force nouvelle.

Parce que les actions de ce contingent ne manqueront pas d'avoir des répercussions sur la situation des forces déjà déployées en Croatie, il est admis qu'il sera sous l'autorité du commandant de la FORPRONU à Zagreb, aux ordres d'un général de division qui aura son PC en Bosnie. Ce sera le commandement de la FORPRONU en Bosnie-Herzégovine (B.H. Command).

Pour la France, qui aura alors plus de 5 000 hommes à la FORPRONU, près du quart de ses effectifs, se pose le problème de la répartition du commandement. Faut-il abandonner le poste de numéro deux que je tiens à Zagreb pour prendre les responsabilités en Bosnie? C'est à quoi je pousse, parce que j'ai la certitude que c'est l'intérêt de la France. Le monde est fasciné par ce qui se passe en Bosnie. Le président Mitterrand a donné l'exemple, la France doit continuer d'apparaître en première ligne sur ce théâtre.

Nambiar, pour lequel mon amitié n'a fait que croître, et c'est réciproque, aimerait me garder à ses côtés mais il comprend ma soif d'engagement personnel et il accepte de plaider ma cause auprès de Goulding, lequel vient précisément nous visiter à Zagreb, du 30 août au 6 septembre.

J'apprends de lui que je vais avoir le poste. Je m'apprêtais à partir en permission, la première depuis plus d'un an, il faudra attendre encore un peu.

Chapitre V

LA PREPARATION DE LA MISSION ZAGREB-BELGRADE

Septembre-octobre 92.

C'est donc Nambiar qui part pour une première permission longtemps différée. Je reste à Zagreb, commandant par intérim la Force, préparant les consignes à mon successeur, le général canadien Gaudreau, et surtout travaillant sur la mission nouvelle en Bosnie.

Quinze jours passent ainsi à un rythme encore plus fou qu'à l'habitude. J'accueille les coprésidents de la conférence de Genève, Cyrus Vance pour une de ses dernières visites et Lord Owen. Je reçois nombre de délégations et parmi elles, celle très importante de représentants du Congrès américain. Je travaille pratiquement jour et nuit. Le 24 septembre, Nambiar est de retour et le général Gaudreau rejoint définitivement son poste, je vais pouvoir me consacrer entièrement à la préparation de ce commandement dont je pressens bien qu'il sera le plus difficile de ma carrière.

S'il en avait été besoin, un nouveau drame survenu à Sarajevo, le 8 septembre, m'en aurait convaincu. Deux soldats français du bataillon logistique, le sergent-chef Vaudet et le caporal Madot, sont tués aux portes de l'aéroport dans un convoi pris sous une fusillade opposant Serbes et Bosniaques. Ce sont des tireurs de l'armée bosniaque fraîchement arrivés dans la zone, mal contrôlés et surexcités par les combats, qui sont responsables de leur mort.

Je reçois à Zagreb les représentants des nations participantes, civils et militaires, pour une semaine de discussion sur l'organisation du commandement, le déploiement des forces, la mission. Mendaluce participe aux travaux avec son état-major. C'est normal, il a été décidé que le Haut-Commissariat aux réfugiés serait l'agence pilote de l'opération.

Je fais la connaissance de quelques-uns de ceux qui seront mes plus proches collaborateurs, le général espagnol Martinez Cole qui sera mon adjoint, le général britannique Rody Cordy-Simpson qui deviendra mon chef d'état-major, bien d'autres encore déjà désignés pour la mission et que leurs états-majors ont envoyés en préparer les termes.

Avantage considérable pour le démarrage d'une opération de cette importance, il est décidé que le noyau de mon état-major sera fourni par un organisme existant, l'état-major de Northag à l'Otan? dont la dissolution a été prononcée et qui est immédiatement disponible. Aux ordres de Cordy-Simpson, ils seront ainsi plus du tiers des effectifs du PC à déjà bien se connaître et savoir coopérer. Dès le départ, leur cohésion et leur efficacité permettront aux éléments extérieurs, à quelques très rares exceptions près, de s'incorporer et de rapidement faire corps avec cette équipe.

Il est décidé que les éléments précurseurs se rassembleront à Belgrade, où nous bénéficions dans l'ancien PC de la FORPRONU de toutes les installations nécessaires. Ils rejoindront le 6 octobre pour se mettre immédiatement au travail. Dès la mi-octobre, les premiers ordres d'opération seront ainsi prêts et ils pourront être envoyés aux bataillons avant même qu'ils ne quittent leur garnison d'origine.

Pour la rédaction de ces ordres, nous avons naturellement adopté la lettre du règlement des Nations Unies qu'il a fallu adapter à la situation particulière.

Dans toutes les armées du monde cette démarche passe par une analyse de la mission, c'est le fameux «De quoi s'agit-il?» du maréchal Foch.

Le règlement est un guide nécessaire, il ne doit pas être un encouragement à la passivité. Dans toute action militaire, seule la passivité est infamante. Pour aider ses subordonnés à décider dans les moments de crise où c'est le plus difficile, le devoir du chef est de les éclairer sur le but ultime de leur action.

De quoi s'agit-il pour les casques bleus en Bosnie-Herzégovine? De sauver le plus grand nombre possible de vies humaines et d'épargner à la population le maximum de souffrances. Notre rôle est un devoir d'assistance à personne en danger, c'est ce que l'état-major s'efforcera de faire passer dans les directives.

J'effectue à Sarajevo de fréquents déplacements pour rencontrer les autorités bosniaques et serbes et négocier un accord pour le déploiement des états-majors et des unités.

Mon idée initiale est d'installer le PC à la sortie ouest de Sarajevo dans un complexe hôtelier occupé par les Serbes à Ilidza. C'est la porte principale de Sarajevo au carrefour des routes de Mostar et de Tuzla. C'est donc l'enjeu de tous les combats et je suis convaincu qu'en en prenant le contrôle, nous pourrions neutraliser ce point stratégique et hâter la levée du siège de Sarajevo.

Je rencontre Karadzic pour la première fois dans son fief de Pale et tente de l'en convaincre. Il est ébranlé par mes arguments mais exige avant de donner son accord de consulter ses autorités locales et ses chefs militaires.

Le président de la communauté serbe d'Ilidza voit immédiatement les avantages que sa population pourrait retirer de ma proposition en matière de sécurité et de ressources financières et économiques. Il appuie ma proposition.

Les chefs militaires ne l'entendent pas de cette oreille. Ils évoquent les inconvénients d'avoir déjà abandonné l'aéroport et me rappellent les engagements pris par Mac Kenzie à savoir que l'occupation par l'ONU de l'aéroport ne gênerait en rien leurs lignes de communication. Ils estiment que ces engagements n'ont pas été tenus et m'en feront régulièrement le reproche. Bref, pour eux, l'abandon d'Ilidza changerait radicalement l'équilibre stratégique. Argument qui sera repris et que j'entendrai à l'occasion de chacune des nouvelles négociations. Pour Karadzic, il est péremptoire. Je commence à mesurer, dès ce premier contact, combien Karadzic est soumis à la décision de ses chefs militaires et je crains que dans ces conditions, il ne soit jamais en mesure de leur imposer les concessions indispensables au retour à une paix durable.

A la présidence bosniaque, l'on a suivi avec intérêt ces premières discussions. Mon correspondant privilégié est Ejup Ganic, le vice-président, un des plus chauds partisans d'une intervention militaire, qui ne ménage pas ses critiques contre la FORPRONU.

Il y a peu, il a même fait paraître dans le journal *Oslobodenje*, sous sa signature, un véritable pamphlet sur les «soldats parfumés» de l'ONU qui ont tourné les talons dès les premiers dangers et ne sont revenus sur l'aéroport que pour permettre aux habitants de la cité de mourir rassasiés sous les coups des Serbes.

Je l'ai connu au mois d'avril et c'est avec lui que, dans la panique, nous avons négocié, le 3 mai au matin, la libération d'Izetbegovic contre le retrait de l'état-major assiégé du général Kukanac. Depuis je ne l'avais jamais revu. Il passe maintenant pour être le vrai décideur à la présidence, au moins à l'occasion des nombreux et fréquents déplacements d'Izetbegovic.

C'est un être chaleureux qui vous tient en privé des discours bien différents de ceux qu'il est obligé de tenir en public. Il a de l'avenir de son pays une vision de plus en plus pessimiste et se désespère de n'avoir pu empêcher sa désintégration. Musulman non pratiquant, il est perçu par ses adversaires serbes et croates comme le plus redoutable des fondamentalistes. Il vient du Sandjak, cette région musulmane au cœur de la Serbie où se sont concentrées depuis toujours les forces vives de l'Islam, à vrai dire ses seules forces militaires. Tous les chefs principaux de l'armée bosniaque, à commencer par le commandant en chef Haliljovic, sont des Sandjakis. De même origine, Ganic, qui voudrait combattre pour le maintien de la pluriethnicité, est au fond un déraciné. Il en souffre probablement.

Avec lui, j'étudie les implantations possibles de l'état-major. Très désireux de nous avoir sous la main, il me propose plusieur immeubles dans Sarajevo même.

Fort de notre expérience malheureuse de mai, je suis bien décidé à ne jamais placer mon état-major à un endroit où il pourrait être empêché de travailler et de commander.

Pour éviter cela, puisque l'emplacement d'Ilidza ne peut être retenu faute d'un accord des Serbes, j'ai repéré un grand hôtel thermal désaffecté dans une petite ville sous contrôle croate à une demi-heure à peine à l'ouest de Sarajevo. Kiseljak vit dans le calme et se trouve située au carrefour des routes encore ouvertes à la circulation en direction de Mostar au sud et de Vitez et Tuzla au nord. Les reconnaissances que j'y ai envoyées en sont revenues enthousiastes.

Toutes les raisons militaires conduisent à en faire l'emplacement du PC. Nambiar et mes subordonnés m'y poussent, ils ont raison.

Pour ce qui me concerne, je ne peux me résoudre à ne pas m'implanter à Sarajevo. Les raisons en sont essentiellement politiques. Qui à l'intérieur même du pays et dans le monde entier comprendrait qu'au moment où tous les augures s'accordent à annoncer la chute imminente de la capitale, le commandant en chef des forces de l'ONU se réfugie en dehors de la ville ?

Je me souviens des conseils de certains des grands chefs français que j'ai le plus admirés. Dans les situations les plus critiques la place du chef est à l'avant.

Je décide de couper mon PC en deux éléments et de m'installer avec un PC avancé très léger dans la même résidence qu'en avril, le « Delegates ».

Ganic auquel je fais part de cette décision en est enchanté. La population de Sarajevo accueille la nouvelle avec soulagement. Je viens d'allumer une première et combien fragile lueur d'espoir.

Nambiar me met en garde contre la dépense inutile de moyens supplémentaires en hommes et en matériel et surtout contre le risque que je sois un jour coupé de mon état-major et privé des moyens d'exercer mon commandement.

Six mois plus tard, le 2 mars 1993, donnant une conférence à Camberley devant le Cours supérieur britannique, un brigadier général anglais dira : «Le général Morillon, un Français, commande le B.H. Cd. C'est un personnage étonnant. Je dois peser mes mots mais il ne ressemble à aucun des généraux que j'ai connus avant lui et il n'a certainement jamais suivi un cours de la qualité du vôtre. Il a choisi de conduire les opérations depuis Sarajevo dans un PC avancé et voit les choses de cet angle. Sarajevo est complètement différent du reste de la Bosnie et il est aveugle sur ce qui se passe sur la plus grande partie de son commandement... »

Cette réaction est celle d'un bon officier d'état-major. Je ne peux pas lui en vouloir et je ne le cite ici que pour bien montrer que ma décision n'était pas facile et pour faire comprendre que dès le début de ma mission, je pressentais que mon rôle serait beaucoup plus politique que militaire.

Cette décision ne m'a été permise que par la confiance absolue que j'avais dans les qualités de chef et d'organisateur de Rody Cordy-Simpson, celui qui m'avait été annoncé par le haut état-major britannique comme l'officier général le plus brillant de toute l'armée de Sa Majesté ne m'a jamais déçu.

Depuis Kiseljak, il a porté sur ses épaules tout le poids du travail de l'état-major, mettant en œuvre avec une discipline intellectuelle rare les décisions que je prenais sur ses propositions. Travailleur intelligent, négociateur habile, rédacteur de talent, il sera pour moi, beaucoup plus qu'un chef d'état-major, un véritable second et, ce qui n'est pas négligeable, un ami.

Avec lui, l'aventure peut commencer.

Chapitre VI

SARAJEVO-KISELJAK

Novembre 92-février 93

le 26 octobre 1992, je me réinstalle donc au Delegates Club, à ce que nous appellerons «la Résidence». Le PC principal se déploie à Kiseljak et sera opérationnel début novembre.

Je retrouve cette résidence et tout son personnel avec émotion. A part quelques égratignures supplémentaires sur les murs et les arbres du jardin, elle n'a pas trop souffert.

Dès mon arrivée, je suis confronté au risque d'une attaque serbe imminente, visant au minimum à couper Sarajevo en deux, au mieux à s'en emparer.

Je me rends immédiatement à Pale pour une nouvelle rencontre avec Karadzic et son entourage. Je tente de les convaincre qu'une victoire militaire à Sarajevo leur est peut-être possible mais qu'elle serait infiniment coûteuse en vies humaines et qu'elle se solderait pour eux en une catastrophe politique et diplomatique.

Je me dis persuadé que le monde ne pourrait y rester indifférent et qu'ils doivent mesurer les risques d'une intervention militaire internationale qui en résulterait.

Karadzic m'écoute. Ses lourdes paupières baissées, il ressemble à un ours endormi. Le jeu nerveux de ses mains sur la table, le fait qu'il accepte un de mes petits cigares alors qu'il ne fume plus attestent qu'il est tout à la tension du moment.

Il est entouré des principaux leaders de son parti. Le professeur Koljevic, petit homme gris aux fines lunettes, ancien professeur de littérature anglaise à l'université de Sarajevo, théoricien local de la purification ethnique, est exécré de ses collègues demeurés à Sarajevo qui ne peuvent lui pardonner sa trahison de toutes les valeurs qu'ils croyaient partager avec lui. Il parle d'une voix douce un excellent anglais. Le contraste avec Karadzic est saisissant. Autant l'un paraît redoutable, volontiers menaçant, amer à l'égard du monde entier, autant l'autre est tout de douceur apparente, débordant de bonne volonté, soucieux de plaire et de convaincre.

Madame Plavcic que je retrouve pour la première fois depuis notre rencontre de mai à Ilidza assiste également à l'entretien. Elle continue d'être très respectée par la population serbe. C'est avec l'aide de la FORPRONU qu'elle a pu quitter Sarajevo en juin. Les Bosniaques ne nous l'ont jamais pardonné, pourtant apparemment elle ne nous en sait pas gré. Je la trouve agressive. Championne de grandes idées généreuses, elle sent peut-être que les actes de ses partisans et de ses collègues sont loin d'être en accord avec elles. Elle est de ce fait mal à l'aise et cessera rapidement de jouer les premiers rôles.

Présent enfin, Monsieur Krajisnik, ancien président du Parlement bosniaque. Très brun, presque noiraud, le regard vif sous d'épais sourcils broussailleux, il ne sourit jamais, parle peu, sinon pour rappeler les promesses non tenues de la FORPRONU. Son attitude, au moins à l'occasion de ce premier entretien, est presque hostile. Nos relations à travers les mois demeureront dépourvues de toute chaleur. Cependant, je le crois plus raisonnable, peut-être parce que plus conscient que les autres de ses responsabilités et mieux à même de les assumer. Il est le seul des quatre à demeurer en permanence maître de ses nerfs.

L'entretien durera des heures. Tous s'efforcent de me convaincre qu'il est de leur devoir de porter secours à leurs frères retenus en otages à Sarajevo, méprisés, maltraités, privés de toute aide humanitaire, et que leur ambition se limite à les regrouper dans une partie de la ville où ils seraient protégés, l'autre partie, la plus importante, demeurant sous le contrôle des Musulmans. Ce qu'ils veulent c'est une partition comme à Beyrouth, comme à Berlin.

J'appelle leur attention sur les moyens de leurs actions. Je leur dis que l'histoire jugera la nation serbe sur l'usage qu'elle a fait et qu'elle continue de faire de la force aveugle de son artillerie. Ce sont les images de Vukokar et de Sarajevo ravagées qui ont provoqué la réprobation unanime et motivé les sanctions. Personne, contrairement à ce qu'ils pensent, ne souhaite la mort des Serbes, tout le monde leur en veut de répandre la mort sans aucun discernement.

Ils m'expliquent que leur avantage en armes lourdes compense leur infériorité numérique et qu'ils ne prendront jamais le risque de déséquilibrer cette balance stratégique.

Tout au long de notre rencontre, je me force à les écouter avec la plus grande attention et à ne pas les juger. C'est mon devoir de médiateur. L'opinion publique aura bien du mal à comprendre cette attitude. Comment est-il possible de ne pas prendre parti contre ceux qui ont propagé et mis en œuvre avec un cynisme total une théorie proprement raciste? Comment accepter de leur parler, quand il faudrait les éliminer? Comment, si l'on n'est pas leurs ennemis, ne pas apparaître comme leurs amis?

Nous touchons là au fond du problème. Chef militaire, je suis convaincu que la primauté doit rester au politique. C'est au politique d'apprécier le moment où la politique ne peut se poursuivre que dans la guerre.

Le recours à la guerre n'est possible que lorsque tous les moyens de la politique ont été épuisés et si l'emploi de la force militaire a une chance de servir les buts politiques que les gouvernements se sont fixés.

Les Pères de l'Eglise catholique enseignent que la guerre ne peut être qu'un moindre mal et qu'il ne faut l'entreprendre que si l'on a une chance de la gagner. Pour faire passer cette idée, j'ai utilisé auprès des journalistes l'image du chirurgien qui ne tente jamais une opération s'il a la certitude que son malade n'y survivra pas.

Quels sont les buts politiques que le monde s'est fixés en Bosnie-Herzégovine, sinon mettre fin à la politique de purification ethnique et permettre aux habitants de ce pays de reconstruire le modèle d'harmonie qui régissait leurs relations avant cette crise ? Prendre parti aujourd'hui pour l'une ou les autres des communautés, ne serait-ce pas courir le risque de creuser davantage encore et irrémédiablement le fossé entre elles ?

C'est cela la vraie question et pas, comme il a été trop souvent dit, que l'opération comporterait trop de risques, en particulier pour nos casques bleus trop faiblement armés qui seraient immédiatement pris en otages. Bien sûr ce risque existe mais nous nous y sommes préparés comme c'était notre devoir. Présenter les choses sous cet angle, c'est encourir l'accusation de lâcheté. L'opinion ne s'y est pas trompée.

J'ai l'avantage de ne pas croire que la haine entre les communautés soit telle qu'aucune réconciliation ne soit possible. C'est ce que pensait Mac Kenzie, il l'a dit et il a bien fait alors de démissionner. Les témoignages que je recueille et que je ne cesserai de recueillir à travers le pays me prouvent le contraire. Je crois que la paix est possible et qu'il faut aider les responsables à en trouver les conditions. En attendant cette solution politique, nous devons tout mettre en œuvre pour atténuer les souffrances de la population. C'est le sens que j'ai compris à ma mission et c'est pourquoi j'ai été volontaire pour ce commandement. C'est aussi pourquoi je suis là aujourd'hui et je ne cesserai jamais d'aller des uns aux autres, d'être l'intermédiaire qui peut-être leur permettra de s'entendre.

Les résultats de cette première rencontre ne sont cependant pas très convaincants.

Le 31 octobre, veille du premier jour de la «semaine de la paix» demandée par l'UNICEF, les Serbes lancent contre la ville la plus violente de leurs offensives depuis des semaines, sans doute même depuis le début des hostilités. Ce sera leur dernière réelle tentative pour s'emparer de Sarajevo. A la suite de cet échec, j'ai la faiblesse de penser que mes arguments ont peut-être aidé les politiques à convaincre les militaires.

Je profite du calme relatif qui s'installe ensuite pour obtenir la réunion d'un groupe de travail militaire mixte, le MMWG[1] chargé sous la présidence de la FORPRONU d'établir les conditions de la levée du siège de Sarajevo et sa démilitarisation. Mandat vient de nous en être donné par le vote de la résolution 787 du Conseil de Sécurité.

En dépit de l'alliance qui tient toujours entre les Croates du HVO[2] et l'armée bosniaque, ce groupe est tripartite. La présidence bosniaque

---

1. MMWG : mixed military working group.
2. HVO : Conseil de défense croate.

aurait préféré une délégation commune face aux Serbes, les Croates de Mate Boban ont exigé une représentation distincte.

Le 10 novembre, ce groupe se réunit à l'aéroport de Sarajevo sous ma présidence. Moment d'émotion, comme à bord de l'*Avenger*, quand les ennemis irréductibles d'hier acceptent de se rencontrer et de commencer à se parler[3].

La délégation bosniaque est conduite par le colonel Sibert, c'est un officier d'active croate qui a suivi les cours de l'Ecole de guerre yougoslave. Très grand, ascétique, déjà un peu voûté sous le poids de ses responsabilités, il a la confiance d'Izetbegovic et est entré dans cette guerre comme en croisade. Il a refusé de participer au commandement de la milice croate HVO et choisi de demeurer à Sarajevo où sa présence au poste de numéro deux de l'armée bosniaque a valeur de symbole. Il est d'une grande rectitude morale, presque tragique, rongé par une inquiétude qui lui a déjà fait perdre plus de quinze kilos. Peut-être a-t-il l'intuition qu'il sera, quelques mois plus tard, considéré comme un criminel de guerre par ses frères croates.

3. Une première réunion avait eu lieu, le 23 octobre, mais sans aucun résultat, le niveau de représentation n'étant pas assez élevé et les esprits insuffisamment préparés.

Côté croate HVO, un très jeune colonel, Blaskic, est venu de son PC de Kiseljak pour représenter son patron le général Petkovic. Poupin, souriant, athlétique, il a l'air d'un adolescent timide et s'enferme dans une réserve de bon aloi vis-à-vis des anciens qui président les deux autres délégations.

C'est le général de division Gvero qui mène la délégation serbe. Ancien magistrat, officier de réserve, il est trapu, têtu, retors, formé à la dialectique communiste. Son plus grave défaut sera son incapacité à prendre toute initiative, il ne connaît que la leçon apprise de ses chefs avant les réunions. Il a des qualités mais aucune de celles requises pour mener une négociation. Auprès de lui, heureusement, un adjoint, le colonel Tolomir au sens politique affirmé, le front bas, cerclé de la casquette réglementaire, l'air parfaitement abruti auquel il ne faut pas se fier. Il sera de toutes les discussions, une sorte de commissaire politique qu'il n'a pas dû manquer d'être, et par lequel je pourrai faire passer les messages. Il me sera d'une aide précieuse.

Pour commencer la réunion, le général Gvero demande qu'un accord de cessez-le-feu soit signé non seulement pour Sarajevo mais pour l'ensemble du territoire. A la surprise générale, ce point qui jusqu'à présent avait toujours fait difficulté est immédiatement accepté.

La discussion tourne essentiellement autour de la liberté de circulation à travers l'aéroport. Pour les Serbes ce territoire est le leur, ils l'ont concédé aux Nations Unies mais enragent que, de ce fait, leurs liaisons directes entre Lukavica où est déployé le PC du corps d'armée et Ilidza soient coupées. Ils demandent que la route soit rouverte au moins pour l'aide humanitaire — ce qui est à peu près assuré —, les évacuations sanitaires et surtout les mouvements de population.

C'est à ce dernier point que les Bosniaques sont farouchement opposés. Ils demandent en contrepartie l'ouverture simultanée d'un corridor Nord-Sud entre les villages de Dobrinja et de Butmir, qui permettrait la liaison entre la ville et les forces massées sur le mont Igman au sud. La présidence, qui tient surtout à ce que l'ouverture des portes de Sarajevo ne se fasse pas avant que les conditions de vie dans la ville se soient sérieusement améliorées, demande qu'en préalable disparaisse la menace des bombardements d'artillerie et que soient rétablis les approvisionnements indispensables en eau et en électricité. Faute de quoi, elle craint que la levée du siège ne se traduise par un exode massif de la population qui entraînerait la mort de Sarajevo.

Il s'agit donc d'obtenir le retrait et le contrôle des armes lourdes serbes alors que ceux-ci n'y sont manifestement pas prêts. Il s'agit surtout de se mettre d'accord sur la réparation des principales lignes de distribution d'eau et d'électricité.

C'est ce dernier objectif que j'ai fixé, dès mon arrivée, comme priorité au commandant du secteur. Si beaucoup a déjà été fait, la solution du problème exige la coopération de tous.

Les gouvernements ont solennellement et vertueusement affirmé dès l'origine du conflit qu'ils s'interdisaient d'utiliser les ressources vitales comme moyen de pression sur l'adversaire. C'est le moment de leur rappeler leurs engagements et j'obtiens qu'un organisme mixte soit mis sur pied pour les premiers et plus urgents travaux. La FORPRONU assurera le transport et la protection d'équipes de spécialistes civils bosniaques d'un côté, serbes de l'autre, pour réparer les lignes électriques et les canalisations d'eau de part et d'autre des lignes de front.

La réunion se termine sur cette sage décision. Elle a permis un important pas en avant, l'accord de cessez-le-feu. Pour Sarajevo même, nous n'avons guère progressé, les positions sur le retrait des armes lourdes et la liberté de circulation paraissent inconciliables. Ces débats de fond doivent être portés à un plus haut niveau. Celui des gouvernements, c'est l'affaire de la conférence de Genève, celui des commandants en chef, ce sera mon affaire.

Il est temps de les mettre en scène.

Le général Petkovic, patron du HVO, né en Croatie, a été mis à la disposition de Mate Boban par le président Tudjman. Pas très grand, une calvitie qui accentue la rondeur du visage, il est prêt à toutes les concessions, soucieux essentiellement du sort de la communauté croate de Sarajevo, car partout ailleurs le calme règne dans les territoires sous contrôle du HVO, rompu seulement de temps à autre par quelques escarmouches aux frontières avec les territoires serbes. Les derniers combats importants ont eu lieu, avant mon retour, dans la région de Jajce, ville à majorité croate et musulmane conquise en octobre 92 par les Serbes. La confrontation continue au sud près de Dubrovnik où la ville à majorité serbe de Trebinje est assiégée par les Croates et au nord-est dans la région de Brcko où les affrontements ne cesseront jamais pour le contrôle d'un corridor vital pour les Serbes entre Knin, Banja Luka et Belgrade. Sur ces deux derniers théâtres d'opérations, le HVO bénéficie de l'aide quasi officielle de l'armée croate et n'a, en fait, aucune responsabilité dans la conduite des combats.

Petkovic semble assez extraordinairement détaché. Peut-être parce qu'il n'est pas bosniaque lui-même. Peut-être parce qu'il est sage au contraire des passionnés que sont ses homologues serbe et bosniaque.

Le général Mladic est le patron incontesté des Serbes de Bosnie, chef charismatique, cerveau puissant et tortueux, il se veut le serviteur de son peuple. Comédien-né, il sait jouer tour à tour de la menace et du charme, passer instantanément de la colère aux limites de l'apoplexie au calme apparemment souverain. Croit-il vraiment à ce qu'il dit quand il dénonce le complot du monde entier contre le peuple serbe, coupable seulement de continuer à assumer son rôle historique de barrière de l'Occident chrétien contre le déferlement de l'Islam? Je le pense trop intelligent pour cela. Je crois qu'il épouse les thèses officielles seulement pour assurer le triomphe de son ambition qui consiste à replacer les Serbes en position dominante dans la lutte qui les oppose depuis toujours à leurs frères musulmans et croates. Il ne croit probablement pas au danger venu de Téhéran ou d'Ankara, il se contente de jouer de la perception qu'en ont ses compatriotes.

De même quand il dénonce l'ambition allemande de revenir sur la scène des Balkans par alliés interposés, ne fait-il que reprendre les leçons apprises du communisme pour motiver ses sujets en brandissant l'épouvantail du fascisme.

C'est un patriote de la Grande Serbie. Il travaille à la réalisation de ce vieux rêve, mais il ne veut ni ne peut l'avouer.

Lors de notre première rencontre, il a mis l'accent sur la responsabilité des Croates et souligné que la paix ne pourra s'installer en Bosnie-Herzégovine tant que l'armée croates ne l'aura pas évacuée, comme le réclame d'ailleurs la résolution du Conseil de Sécurité. Il a entamé ensuite un couplet que je l'entendrai plus tard développer à satiété et qui ne manque apparemment pas d'arguments. La mobilisation générale et l'état de guerre ont été décrétés par le président Izetbegovic. Il lui est trop facile de réclamer des cessez-le-feu aux endroits où il est en position difficile. S'il veut vraiment la paix, qu'il déclare publiquement la fin de l'état de guerre et des lois d'exception qui l'accompagnent. Qu'il rende sa liberté à la population serbe qu'il détient en otage. S'il doit y avoir un cessez-le-feu, qu'il ne soit pas limité à la ville de Sarajevo, mais étendu à l'ensemble du territoire de la Bosnie-

Herzégovine et que le gouvernement et l'armée croate soient associés à sa négociation, ce qui n'a pas été le cas, le 10 novembre. Les Serbes ont atteint leurs objectifs en assurant leur contrôle sur les régions qui leur appartiennent parce qu'ils y sont ou y ont été en majorité. Ils veulent la paix et sont prêts pour cela à toutes les concessions.

Le discours est très beau. Malheureusement on ne voit jamais poindre ensuite la moindre concession...

Le troisième personnage, Safer Haliljovic, commandant en chef de l'armée de la république de Bosnie-Herzégovine, est très difficile à approcher. Pendant longtemps je ne verrai que Sibert, déjà décrit, ou le colonel Diviak, ancien colonel serbe de la JNA demeuré fidèle à la présidence à un poste plus effacé que celui du Croate Sibert.

Haliljovic est un ancien major de la JNA. Au contraire des deux autres, il n'a pas suivi les cours de l'académie supérieure. C'est un Musulman, sandjaki, comme la plupart des commandants de corps d'armée de l'armée bosniaque. Il est très critiqué des Croates, qui prennent prétexte de sa personnalité controversée pour refuser toute idée d'un commandement unifié de l'armée bosniaque et de son allié du HVO.

Il a une énorme tête sur un corps de joueur de basket. Le regard souvent vide, on le pense stupide. Il n'en est rien. A mieux le connaître, sous son apparente impassibilité on découvre qu'il est passionné pour sa cause. Son souci permanent sera de trouver des armes légères, des munitions qu'il parvient pour le moment à se procurer avec la complicité des Croates. Il surestime les possibilités ainsi conférées à son armée qui continuera tout au long du conflit à souffrir de son cruel défaut d'armes lourdes. Il tentera jusqu'au bout de rompre l'encerclement serbe par des attaques d'infanterie, qui se briseront sans succès sous le tir des chars et les déluges d'artillerie serbes. Conscient de cette infériorité, il ne cessera de réclamer le retrait des armes lourdes, comme préalable à toute négociation. Son intention est évidente et connue des Serbes, on sait qu'il ne se résoudra jamais à la défaite et que s'il obtient satisfaction, ce sera pour relancer immédiatement l'offensive. Des Nations Unies, il n'attend pas grand-chose, il est de ceux qui préféreraient le retrait des casques bleus, s'ils continuent de refuser de prendre parti à ses côtés. Il rêve bien sûr d'une intervention aérienne internationale pour détruire les batteries serbes et lui laisser le soin de régler les problèmes au sol.

Il est hostile à toute solution négociée, tant qu'il n'aura pas d'une façon ou de l'autre renversé la balance des forces. Il ne viendra donc s'asseoir à la table des négociations qu'à contrecœur et sur l'ordre formel de la présidence.

Inutile pour moi d'essayer de le convaincre. C'est aux négociateurs de Genève de tenter d'abord de persuader le président Izetbegovic.

A la mi-novembre, ils semblent y être parvenus. Un calme relatif s'installe à Sarajevo et sur l'ensemble du territoire. Ce calme est mis à profit pour réparer les infrastructures. Le bataillon français du génie travaille à l'amélioration d'une piste de montagne, seule artère de ravitaillement entre la côte adriatique et la Bosnie centrale. Les unités du génie britannique font de même à partir de leur base de Split en Croatie, où elles sont demeurées sous commandement national[4]. Les bataillons d'infanterie s'installent, le 3e bataillon français à Bihac, le bataillon britannique entre Vitez et Tuzla, l'espagnol autour de Mostar. Le 2e bataillon canadien dont le

4. Elles sont placées sous contrôle opérationnel de la FORPRONU.

déploiement était prévu à Banja Luka en territoire sous contrôle serbe est maintenu provisoirement auprès de son bataillon frère en Slavonie.

Il convient d'éclairer ce point très controversé à l'époque.

Au moment de l'étude initiale, le Haut-Commissariat aux réfugiés, soucieux de la répartition la plus équitable des ressources d'aide humanitaire, nous avait demandé de prévoir une présence de la FORPRONU sur l'ensemble du territoire, y compris dans les zones serbes. Il ne voulait pas encourir le reproche d'avoir privilégié les populations musulmanes ou croates, même si elles étaient les plus menacées, et négligé les Serbes.

Craignant une intervention militaire contre eux et impressionnés par la qualité de l'armement des Canadiens, les chefs serbes de Bosnie — au premier rang desquels, j'en suis sûr, Mladic, bien qu'il s'en soit défendu — refusèrent d'accueillir des troupes de l'ONU sur leur territoire. Karadzic, très embarrassé, assura que la constitution de sa république ne lui donnait pas le pouvoir de décider sur ce point et qu'il devait consulter son assemblée, laquelle mit très longtemps à se réunir avant de refuser son accord.

Après consultation avec Mendaluce[5] qui avait usé de son influence pour tenter d'enlever l'accord et avec le Canada qui avait son mot à dire sur le stationnement de ses soldats, le général Nambiar décida qu'il ne pouvait se montrer plus royaliste que le roi et si les Serbes refusaient les moyens de l'aide humanitaire, ils ne pourraient se plaindre par la suite de n'en point recevoir (ce qu'ils ne manqueront pas de faire avec la plus parfaite mauvaise foi).

La décision fut prise de déployer le bataillon canadien dans la région proche de Kiseljak d'où il pourrait agir à la fois au profit de Sarajevo et de Tuzla. Cette décision, perçue par la presse comme une reculade devant l'arrogance serbe, n'était en fait qu'une adaptation nécessaire des moyens à la mission, puisqu'il est vrai que c'est dans ces deux villes que la population courait et court encore les plus grands risques.

Cette parenthèse refermée, revenons à la situation à la mi-novembre. Elle est à peu près bonne excepté en Bosnie orientale, où, sous le prétexte des attaques incessantes des forces bosniaques, les Serbes refusent l'acheminement de l'aide humanitaire.

---

5. Envoyé spécial de l'UNHCR.

C'est alors que le monde entend pour la première fois parler de Srebrenica et de Zeppa, les enclaves musulmanes sur la rive de la Drina que les convois de l'UNHCR ne peuvent atteindre qu'à partir de Belgrade à travers un territoire serbe bosniaque particulièrement hostile, car il a très certainement souffert d'exactions commises par les forces musulmanes bosniaques. Les villes de Zvornik et, plus au sud, de Bratunac ont accueilli les réfugiés serbes, échappés en juin à ce qu'ils disent avoir été des massacres et qui, de l'aveu des militaires bosniaques eux-mêmes, a pris au moins la forme d'exécutions sommaires, à un moment où, disent-ils, il n'était pas possible de faire des prisonniers. On découvre tous les jours dans des fosses communes les victimes de ces actions et la population s'émeut que l'ONU puisse continuer d'aider ceux qu'elle considère comme des criminels de guerre.

Nulle part ailleurs dans le pays, pas même à Sarajevo, les passions ne sont plus déchaînées et la population, j'allais dire la populace, s'ameute à chaque passage de convois. Je ne suis pas certain que les autorités locales fassent quelque chose pour l'en dissuader pas plus que je ne crois que ces autorités acceptent le contrôle de Pale.

Ce problème ne cessera d'empoisonner l'atmosphère, il jettera le discrédit sur l'action de l'UNHCR et de la FORPRONU et sera exploité par les autorités bosniaques.

A la force brutale des Serbes, les Musulmans bosniaques ont su opposer depuis le début de la crise les ressources de leur intelligence. Les Serbes, furieux de l'appréciation qui a été portée sur leur action après Vukovar, ont décidé que les journalistes internationaux étaient leurs ennemis et ils ont pratiquement cessé toute communication avec eux.

Tout au contraire, les représentants de la présidence ont su s'attirer leurs bonnes grâces. Je ne dis pas qu'ils en ont délibérément abusé, je dis qu'ils en ont intelligemment usé.

Ne perdons pas de vue que l'intervention militaire est considérée par les plus nombreux comme leur seule chance de ne pas sortir perdants. Le mandat donné à la FORPRONU ne leur convient donc pas. Il est de bonne guerre de critiquer, non tant la Force elle-même — ils s'y sont pourtant essayés — que sa mission.

Cette mission, quelle est-elle? Acheminer l'aide humanitaire? Démontrons qu'elle n'en est pas capable et ameutons l'opinion publique pour qu'on lui en donne les moyens. Souvenez-vous qu'on a parlé à Zeppa de cannibalisme et que lorsque le premier convoi y est entré en décembre, nous y avons trouvé du bétail et de la volaille en quantité.

Installer un cessez-le-feu durable? Ramener l'eau et l'électricité? Comment continuer d'émouvoir l'opinion, si la vie redevient normale à Sarajevo.

Là encore je ne juge pas. Aussi longtemps qu'ils ont cru ou qu'ils croient à la possibilité d'une intervention militaire, l'intérêt des responsables de la présidence n'est pas que le calme s'installe. Ils craignent qu'alors le monde se désintéresse de leur sort et que les conquêtes serbes aient toutes les chances d'être entérinées.

De ce fait, nos difficultés à Srebrenica et dans sa région vont être systématiquement exploitées. Je verrai devant la résidence se former les premiers cortèges «spontanés» de manifestants, représentant les familles de Srebrenica, de Zeppa, de Gorazde.

Lors de sa visite en décembre à Sarajevo, le secrétaire général des Nations Unies assistera aux mêmes démonstrations par les mêmes quelques centaines de manifestants. Le monde s'imagine alors que la population nous est hostile et la pression demeure sur ses dirigeants pour qu'ils sortent enfin de leur torpeur et de leur inaction.

Les effets de cette propagande — car il s'agit bien de propagande, c'est-à-dire d'utilisation des médias pour la poursuite des buts de la guerre — sont plus pernicieux encore. La population dans son ensemble ne s'y laisse pas prendre. Imagine-t-on que j'aurais pu continuer de vivre au cœur de Sarajevo sous la protection d'une poignée de fantassins égyptiens dans le cas contraire ? Si elle ne s'y laisse pas prendre, les esprits les plus faibles parmi les plus belliqueux des combattants bosniaques ont vite fait de considérer nos hommes comme des obstacles sur le chemin de la victoire, donc comme des ennemis. Pas d'étonnement qu'ils les prennent pour cibles quand l'occasion s'en présente.

Lorsque je dénonce ces attaques, comme il est de mon devoir de chef de le faire, ma réaction est perçue comme une incongruité. Notre bon Monsieur de La Fontaine avait bien raison, entre l'arbre et l'écorce, il ne fait pas bon mettre le doigt.

Dans ce tohu-bohu orchestré, on oublie que les hommes et les femmes de l'UNHCR et des organisations non gouvernementales continuent de se démener pour rassembler, acheminer et distribuer l'aide humanitaire. On oublie que nos hommes passent des nuits entières sur le terrain, dans la neige et le froid maintenant arrivés, pour assurer l'escorte de ces convois. Qu'ils en effectuent eux-mêmes la distribution dans les zones les plus exposées, comme à Butmir, ou Dobrinja, à Srebrenica ou à Zeppa, et que certains y laissent leur vie sans que jamais nous percevions l'indice d'une quelconque révolte, voire d'un simple découragement.

Si j'écris ce livre aujourd'hui, c'est d'abord pour leur rendre cette justice.

Début décembre, je vais à Zagreb pour une réunion de commandement convoquée par Nambiar. Au moment de monter dans l'avion où deux places avaient été réservées pour des représentants de la présidence, on s'aperçoit qu'il n'en reste qu'une. Il s'agit du premier vol à notre profit d'un Antonov 42, dont seule la cabine est pressurisée et à moins que je ne me sépare de l'un de mes deux assistants, seul le plus important des membres de la délégation pourra monter à bord.

Ce sera le vice-président Lagumdzia. Il est le plus jeune membre de la présidence et l'un des plus virulents détracteurs de la FORPRONU. Chargé de l'aide humanitaire, il est, et ne s'en cache pas, à l'origine de la campagne de dénigrement en cours. Il monte la passerelle en injuriant tout le monde et tombe sur moi qui lui sers une de mes très belles colères.

Nous décollons dans le tumulte qui s'ensuit et puis nous reprenons notre calme et mettons à profit le vol pour mieux nous connaître et tenter ensemble de sauver sinon le monde du moins la Bosnie.

A l'arrivée à Zagreb, nous voyons l'équipage se précipiter vers la sortie, dégringoler l'échelle pour se poster sous l'appareil. Nous avions bien perçu quelques fumées pendant le vol, mais nul ne semblant s'en inquiéter, nous les avions attribuées à la rusticité de l'appareil.

Celui-ci est troué comme une écumoire et dans une cuvette placée sous l'appareil coulent une à une les dernières gouttes de carburant demeurées dans les réservoirs depuis qu'ils ont été crevés au décollage de Sarajevo.

Je saisis l'occasion pour dire à Lagumdzia que ce pourrait bien être là une conséquence nouvelle des actions inconsidérées auxquelles se livrent ses partisans, sous l'effet des excès de sa propagande anti-ONU.

Pendant mon séjour à Zagreb, le calme relatif qui régnait à Sarajevo depuis le début novembre et surtout depuis le cessez-le-feu de la mi-novembre est brutalement rompu.

Il semble que ce soit sur l'initiative de l'armée bosniaque. Haliljovic a tenté une offensive pour briser l'encerclement de la ville et les Serbes ont répondu par l'habituel déluge d'artillerie. Tout les efforts que nous avions réalisés pour ramener dans la ville l'eau et l'électricité sont à refaire. Les destructions sont plus considérables que jamais.

En mon absence, le commandant du secteur, le général égyptien Abd el-Razik, donne une conférence de presse au cours de laquelle il manifeste son découragement. L'événement vient à propos pour que la presse l'utilise et lui fasse dire que le mandat qu'il a reçu n'est pas le bon.

Je rentre à Sarajevo pour recoller les morceaux, rappeler les chefs militaires à la table des négociations, les invectiver et leur dire que s'ils veulent continuer de s'entre-tuer, ils doivent maintenant attendre le printemps. Que devant les risques encourus par la population, il leur faut au moins avoir la sagesse de prendre leurs quartiers d'hiver. Je tiens le même langage aux journalistes avec une virulence à laquelle ils commencent à s'accoutumer.

A Genève pendant ce temps les négociateurs ne sont pas demeurés inactifs. A la mi-décembre s'y tient une réunion du «Steering Comitee[6]». Je suis invité à y participer avec Nambiar. Notre témoignage très sobre y sera apprécié. Oui, la présence des casques bleus dans l'ancienne Yougoslavie est utile. Non, nous ne croyons pas qu'un recours à la force soit souhaitable. Oui, il faut continuer de négocier sans relâche.

A mon retour, je pense que les jours à venir seront plus difficiles encore que ceux des deux mois écoulés. Tout le monde attend maintenant l'intronisation du président Clinton, dont certains des conseillers se sont imprudemment engagés auprès des dirigeants bosniaques. Dans cette attente aucune décision importante ne pourra être prise dans la voie de la paix. Ce que nous risquons plutôt, c'est l'augmentation des provocations de part et d'autre.

Il m'arrive parfois, accoudé à la fenêtre de ma chambre dans le vacarme des tirs d'armes automatiques et des explosions, de rêver que les mu-

6. Réunion plénière des représentants des nations participant à la conférence internationale.

nitions vont finir par manquer. Je sais ce rêve irréalisable tant le régime communiste avait accumulé de stocks dans tous les coins du pays pour préparer la résistance populaire qui devait interdire le déferlement des chars soviétiques. Apprentis sorciers qui ignoraient que ces armes et ces munitions serviraient à leurs propres peuples pour s'entre-déchirer.

Dans le monde on se demande comment la population peut survivre sous un tel déluge d'acier. C'est ignorer que ce même régime et pour les mêmes raisons avait très scientifiquement préparé les conditions de cette survie. Le moindre immeuble construit sous le gouvernement socialiste dispose de son bunker à l'épreuve des bombes les plus puissantes. Les habitants s'y terrent, chaque fois qu'ils pressentent de nouvelles explosions de violence. Ils en ressortent aux premiers signes d'accalmie. C'est ainsi que les pertes chez les civils, si lourdes et insupportables qu'elles soient, demeurent relativement limitées. C'est ainsi que la guerre s'est installée et qu'elle dure.

Comme je le soupçonnais, les derniers jours de décembre et les premiers jours de janvier seront durs, probablement les plus durs du séjour.

L'hostilité de la population à notre égard augmente insensiblement. On le voit quand les gamins commencent à attaquer les véhicules des Nations Unies avec des boules de neige bourrées de pierres. On le voit quand ma résidence est bombardée à Noël par des mortiers tirés à coup sûr des positions bosniaques. On le voit enfin quand survient en apogée la tragédie de l'assassinat du vice-Premier ministre Turajlic.

Le 8 janvier 1993, c'est la Noël orthodoxe. Sans que nous en ayons été avisés, un avion turc se pose à l'aéroport de Sarajevo. A son bord, une délégation gouvernementale avec quelques gardes du corps. Les Serbes en sont automatiquement informés. Le commandant du corps de Lukavica, le général Galic, est en permission. Il n'y a probablement pas beaucoup d'officiers à la garnison. Le responsable panique. Il croit au débarquement de dizaines de moudjahidines, au début de l'intervention islamique, à l'invasion, à la fin du monde ! Il donne l'ordre de bloquer les accès de l'aéroport.

A la présidence, on a été prévenu de cette visite. L'avion ne fera qu'une trop courte escale pour que la délégation turque puisse se rendre en ville. Ce sont les représentants de la présidence qui se rendront à l'aéroport. La demande d'escorte transmise au PC du secteur est reçue par le représentant des affaires civiles. Celui-ci ne croit pas utile d'en informer le commandant du secteur et demande à l'officier-opérations d'envoyer une escorte à la Présidence. Mission: transporter une délégation de six officiels à l'aéroport. Pour ce type de mission un VAB et son équipage sont de permanence. L'engin se rend à la Présidence, embarque les six personnes annoncées, les dépose à l'aéroport, les attend pour le trajet-retour.

La rencontre a lieu dans la salle de réunion de l'aéroport. Elle est brève. A son issue, cinq des officiels bosniaques se joignent à la délégation turque et embarquent précipitamment dans l'avion dont les moteurs tournent. Ils n'ont aucune autorisation et prennent les services de l'aéroport complètement par surprise.

Le dernier membre de la présidence regagne le VAB qui reprend la route de la ville. C'est le vice-Premier ministre Turajlic, mais tout le monde l'ignore encore.

On connaît la suite, le VAB est bloqué par une foule de soldats serbes surexcités par la nouvelle de l'invasion et par l'alcool qu'ils ont consommé plus qu'à l'habitude en ce jour de fête.

Le colonel Sartre intervient. Il palabre longtemps. Le ton monte. Il n'y a toujours pas de responsable serbe de bon niveau à Lukavica. Quand le commandant du détachement serbe sur place prétend enlever le ministre, le colonel Sartre s'interpose pistolet au poing. Les Serbes reculent, paraissent se calmer. Lorsque Sartre obtient enfin l'accord pour laisser repartir le VAB et son occupant, un jeune milicien serbe, dont on dira qu'il venait d'apprendre l'assassinat de deux proches, échappe au contrôle de ses chefs et de ses camarades et, par-dessus l'épaule du colonel Sartre, tire sur Turajlic. Le VAB est autorisé à repartir et gagne à toute vitesse le PC du secteur où se trouve notre hôpital de campagne. Turajlic est mort lorsqu'il arrive sur la table d'opération.

Je suis à Sarajevo ce jour-là, mais je ne suis informé des événements qu'à ce moment. Je me précipite dans ma voiture et me rend au PC de secteur. Je suis effondré.

Turajlic était l'un des plus modérés des proches du président Izetbegovic. Il était pour cela apprécié et aimé de tous. Notre formation commune d'ingénieur électricien nous avait rapprochés et je le considérais comme un ami.

Après m'être incliné devant son corps, je rejoins directement la Présidence pour faire rapport de ce qui s'est passé. Il y a là, autour de Ganic, tous les proches du Président qui lui-même est en déplacement à Paris. C'est l'effondrement et la révolte. Je partage leurs sentiments, pourtant les plus virulents me prennent à partie, m'accusant d'être le vrai responsable de cet assassinat. Leur haine est palpable. Je leur réponds que j'accepte cette responsabilité, que je viens de demander l'envoi d'une commission d'enquête internationale et que toute la lumière sera faite sur les circonstances de cette tragédie. Nous nous quittons à 1 heure du matin.

Le général Nambiar, sur ma demande, insiste auprès de New York pour que cette commission arrive dans les meilleurs délais. Elle viendra très vite et fera justice de toutes les rumeurs, accusations et calomnies immédiatement colportées à travers le monde.

J'ai dit que j'avais vécu là les plus durs moments de ma carrière. Je le pense encore. C'est dans ces moments que l'on ressent vraiment la solitude du pouvoir et les devoirs de sa charge. Ma première pensée, d'autres la partageront à ce moment : pourvu que ce nouvel assassinat commis à Sarajevo, soixante-dix-neuf ans après la mort de l'archiduc François-Ferdinand, n'ait pas les mêmes conséquences et ne soit pas le signal du déclenchement d'un conflit généralisé. Ma seconde pensée est pour mes hommes, le général Abd el-Razik, le colonel Sartre, leurs subordonnés, tous ceux qui se sont dévoués à cette mission et que le déshonneur guette. Comment trouver les mots pour faire comprendre au monde que leur responsabilité n'est pas engagée?

Je passe une nuit à rédiger le communiqué que je donnerai à la presse dès le matin.

«Sarajevo, le 9 janvier 1993.

«La semaine dernière, en formulant les vœux traditionnels, il n'est pas un d'entre vous qui n'ait invoqué la paix ou prié pour elle. La paix pour ce pays qui n'a déjà que trop payé pour la folie des hommes, la paix pour les habitants de la Bosnie qui n'en peuvent plus de souffrance et de désespoir.

«Hier encore les plus sceptiques d'entre nous voulaient croire aux chances que la fragile lueur d'espoir allumée à Genève faisait luire au cœur des ténèbres où nous sommes enfoncés. Je sais que Monsieur Hakija Turajlic, dont j'aimais personnellement la vive et fine intelligence, la bienveillance souriante et le dévouement total à son pays, était de ceux-là.

«Je sais qu'il était prêt, comme beaucoup ici, comme moi et tous mes hommes à donner sa vie pour une solution qui permette le retour à la vie dans la dignité, la liberté, l'exercice des droits les plus élémentaires et les plus sacrés.

«La Bosnie-Herzégovine est atteinte de la maladie des hommes : la peur des autres, la peur de l'autre. C'est cette peur qui a touché le cerveau du chef militaire, malade du poids de ses responsabilités, qui a probablement cru sincèrement que le véhicule blindé de la FORPRONU transportait hier une masse de combattants fanatiques tombés du ciel pour menacer ses hommes et leur famille et qui a donné l'ordre de l'intercepter — c'est cette peur qui a armé le bras de l'assassin. C'est cette peur qui anime tous les soldats des batailles auxquelles nous ne sommes pas encore parvenus à mettre fin. IL FAUT LA VAINCRE.

«La mort d'Hakija Turajlic ne doit pas être le début d'une nouvelle série de deuils et de désolations, elle doit en être le terme.

«J'appelle ses compagnons, ses compatriotes de toutes religions, opposés dans leur énorme majorité à l'exercice de la violence aveugle, à ravaler leur colère, à lui rendre les honneurs que son sacrifice lui a mérités, à poursuivre l'œuvre qu'il avait entreprise pour rendre à ce pays une paix digne.

«J'appelle ses adversaires à comprendre à la faveur de cette nouvelle tragédie et avant qu'il soit trop tard — il n'est pas trop tard — à quelles extrémités une leçon mal apprise de l'histoire a pu conduire leurs partisans. J'espère qu'au fond d'eux-mêmes ils ne désirent que la Paix.

«Si cela est vrai, et je veux croire que cela est vrai, je demande que les responsables au plus haut niveau du crime qui vient de nous frapper dans toute son horreur soient dénoncés publiquement à Belgrade et à Pale et qu'ils soient condamnés comme ils le méritent.»

J'accepte toutes les demandes d'interviews et je ne me dérobe devant aucune question. Je me couche à la nuit complètement épuisé.

Pourquoi suis-je ainsi monté en ligne face aux hommes politiques bosniaques et aux médias? Parce qu'être responsable, c'est savoir répondre à ses subordonnés, mais aussi, le cas échéant, répondre d'eux et répondre pour eux. Dans la rédaction des ordres, je l'ai dit, il faut répondre aux questions qui pourront se poser dans l'action. C'est le degré le plus facile de l'exercice des responsabilités. Lorsque le subordonné est mis en cause dans l'accomplissement d'une mission dont il a respecté l'esprit, il faut savoir le couvrir. C'est la condition de la confiance sans laquelle il ne peut y avoir d'efficacité dans l'action collective.

Le lendemain 10 janvier, j'ai l'énorme réconfort de recevoir au journal télévisé de 20 heures le soutien du ministre de la Défense, Pierre Joxe. J'apprécie qu'il ait, au cœur de la tempête le courage de prendre cette position. Je l'en remercie aujourd'hui.

Je commence à recevoir aussi mes premières lettres de correspondants inconnus de France et du monde entier. Il en arrive des centaines et parmi elles deux seulement, dont une anonyme, pour m'injurier. Je me suis efforcé de répondre à tous, qu'ils sachent aujourd'hui combien leur témoignage m'a été précieux.

On sait que je suis croyant. Je me souviens ici de l'intéressant débat entre l'abbé Pierre et Bernard Kouchner. Dans l'accomplissement si ingrat des tâches d'action humanitaire Kouchner dit que le croyant a un avantage. Je pense qu'il a raison et jamais je ne l'ai éprouvé plus intensément.

Parmi ces centaines de correspondants inconnus, nombreux sont ceux, de toute confession, qui concluent leurs lettres en me disant qu'ils prient pour moi et pour mes hommes. Je sais par mes proches et par la presse que des nuits de prière sont organisées partout dans le monde et dans tous les lieux de culte pour ce pays, ses habitants et nos soldats. Le fait de me sentir au centre de cet immense élan de solidarité dans le Bien est certainement ce qui m'aide alors et m'aidera toujours à supporter les conséquences de la solidarité dans le Mal qui ravage ce pays.

La mort de Turajlic a été l'épreuve la plus rude. «Que ta volonté soit faite».

De cette épreuve nous sortons mes hommes et moi renforcés.

Le 8 janvier, alors que Turajlic mourait à Sarajevo, des événements tragiques se déroulaient en Bosnie orientale. L'interdiction de circulation faite aux journalistes par les Serbes et l'absence de moyens de communication feront qu'ils passeront totalement inaperçus.

Ce jour-là, les forces bosniaques de la région de Srebrenica lançaient sous le commandement de leur chef Nassir Oric, une offensive qui leur permettait de s'emparer et de détruire plusieurs villages serbes dans la région de Bratunac. Les Serbes clament qu'à cette occasion se produisent de nouveaux massacres. Ils sont particulièrement révoltés que le jour de leur Noël ait été choisi pour cette action.

Dans la foulée de leur succès, les Bosniaques étendent leurs actions vers le nord et vers l'ouest, ils pourraient même être allés jusqu'à bombarder la Serbie de l'autre côté de la Drina.

Les Serbes prennent le temps de réagir militairement mais sans attendre, ils interdisent tout envoi humanitaire pour la région. Le drame de Cerska et de Srebrenica va commencer. Personne ne le sait encore.

En effet à Genève, des progrès spectaculaires sont faits dans les négociations, le plan «Vance-Owen» prend forme qui paraît pouvoir emporter l'adhésion de tous. Il prévoit le partage du pays en neuf provinces, trois à dominance musulmane, trois croates et trois serbes, une dixième province doit assurer à Sarajevo, siège prévu du gouvernement, un statut d'extraterritorialité.

A Sarajevo sont en même temps préparées les conditions militaires pratiques de l'accord. La coopération au sein du groupe de travail militaire mixte est bonne. De nouveaux accords de cessez-le-feu sont conclus après une première rencontre entre les commandants en chef Haliljovic, Petkovic et Mladic. L'ambiance est loin d'être euphorique mais elle est plutôt à l'optimisme.

Puisque nous parlons d'optimisme, je sais que j'ai été souvent taxé d'en être excessivement doté. Il faut comprendre que j'étais le dernier à pouvoir donner l'impression de douter.

Si j'avais eu des inquiétudes, ce n'est pas à la presse que je les aurais confiées mais à mes chefs. Si j'avais eu des certitudes que tout espoir était perdu, alors mon devoir aurait été de démissionner.

Février sera donc un mois relativement calme, l'hiver étant là pour refroidir les ardeurs des belligérants. En Bosnie centrale, il sera cependant marqué par le début des conflits entre communautés mulsulmane et croate.

Davantage encore que les combattants, la population a de plus en plus de mal à supporter le froid. Presque tous les arbres de Sarajevo ont été coupés et leur bois débité au marché noir par des miliciens qui en avaient entrepris l'abattage.

Nous obtenons des Serbes l'autorisation de faire passer des convois de bois de chauffage et de charbon mais, même à raison de dizaines de tonnes par jour, les quantités n'en sont pas suffisantes pour atteindre chaque foyer de la ville.

Au centre des préoccupations de la population, et de la population féminine en particulier, se situe la douloureuse question de la libération des prisonniers.

C'est le Comité international de la Croix-Rouge qui est chargé de la négociation et de temps à autre nous avons à lui fournir des escortes pour procéder à des échanges. Les hommes de la Croix-Rouge souhaiteraient que l'échange soit global, tous pour tous. Jusque-là ils n'ont obtenu que des échanges au coup par coup.

Il est vrai que les Serbes sous la pression de l'opinion mondiale ont fait, à la fin de l'automne, un sérieux effort en relâchant plusieurs milliers de détenus, mais ils estiment ne pas avoir été payés en retour et chaque réunion donne lieu à des décomptes interminables, à des discussions de marchands de bestiaux où chaque partie refuse de compter les personnes libérées, mais fait état de celles qui ne l'ont pas été.

Il est vrai que ces listes de personnes disparues sont impossibles à vérifier. Parmi elles, beaucoup ont certainement pu fuir la zone des combats et se réfugier quelque part d'où il ne leur a pas été possible de donner de leurs nouvelles, beaucoup aussi malheureusement doivent être mortes et on ne le saura peut-être jamais.

A l'occasion de chaque réunion du groupe militaire mixte, ce point revient à l'ordre du jour. Chaque nouvel accord de cessez-le-feu stipule que les prisonniers devront être échangés. La population est tenue informée par les médias locaux, mais bien rares sont ceux qui ont la joie de voir rentrer l'un des leurs.

Un jour, les femmes serbes donnent le signal de la révolte et bloquent tous les convois humanitaires ou de la FORPRONU entre Kiseljak et Sarajevo. Je me rends sur les lieux à Blazuj et passe des heures à les convaincre de laisser la voie libre. Elles y consentent mais je dois promettre d'exercer toute mon influence pour faire avancer les choses. Elles sont particulièrement inquiètes de ce qui se passe à Tarcin, un village tenu par les Bosniaques sur la route de Mostar, où des centaines de leurs pères, fils et maris sont détenus dans un ancien silo dans des conditions que l'on dit épouvantables.

Il se trouve que le ministre Bernard Kouchner fait alors avec son équipe une nouvelle liaison sur Sarajevo où je les avais déjà accueillis à deux reprises.

A force de persuasion et de détermination, ils arrachent aux trois parties un nouvel accord partiel pour l'échange d'une centaine de Serbes contre autant de Croates et de Musulmans.

Les Croates et les Musulmans libérés d'un camp situé dans le nord-est du pays seront conduits à la frontière avec la Serbie où ils seront remis à notre chargé d'affaires puis escortés sur Zagreb lorsque les Serbes sortis des camps de Zenica et de Tarcin auront été livrés dans la région de Blazuj à notre tout nouvel ambassadeur, Monsieur Jacolin.

Le jour convenu tout se passe bien, sauf à Tarcin où le commandant du camp refuse, en dépit des ordres renouvelés de la présidence, de relâcher son contingent de détenus.

Il nous faudra six heures de discussion sur place pour arracher son consentement. Le jeune commandant local des forces bosniaques acceptera, pour finir, de donner l'ordre de levée d'écrou en faisant preuve d'un courage certain car dans la ville la population ne l'entend pas de cette oreille.

Pour elle, ces prisonniers serbes constituent un trésor de guerre qui ne doit être échangé que contre la libération des disparus de la région. Elle se moque bien de ce qui peut avoir été décidé à Sarajevo. La libération de Musulmans et de Croates inconnus originaires de Brcko ou de Gracac à l'autre bout du pays ne présente à ses yeux aucun intérêt, ce qu'elle veut ce sont les hommes dont elle a fourni la liste depuis des mois à la présidence et dont elle n'a jamais plus entendu parler.

L'ambassadeur, présent à mes côtés et qui fait là son apprentissage, doit s'engager à fournir cette liste aux Serbes et promettre d'user de son influence pour que l'on ait de leurs nouvelles à Tarcin.

Nous sommes payés de nos peines par l'explosion de joie qui, à la nuit tombée, secoue la foule des parents et amis qui piétinaient dans la neige à Blazuj depuis le matin en attendant avec une impatience croissante le retour de leurs proches.

Tout ce mal que nous nous donnons, que le ministre et sa délégation se sont donné pour parvenir à libérer quelques dizaines de prisonniers quand il en reste des milliers retenus dans leurs prisons de fortune peut paraître dérisoire. Pour nous, le sourire extasié de l'enfant qui vient de se jeter dans les bras de son père justifie à lui seul les jours passés à lui procurer cette joie.

*
* *

Début février toujours, les problèmes posés par l'absence d'un commandement unifié au sein de l'alliance entre les Croates du HVO et l'armée bosniaque débouchent sur les premiers affrontements armés.

Cela se passe dans la région de Gornji Vakuf au sud de Travnik où une rixe éclate entre miliciens croates et soldats musulmans. Ces derniers sont installés très nombreux dans la ville depuis leur repli en octobre de la région de Jajce. Leur présence pèse à la population qui leur reproche de ne pas tenir les lignes de front face aux ennemis communs serbes et de se comporter en force d'occupation.

Malgré la décision prise rapidement à Grude, QG du HVO, et à Sarajevo de relever de leur commandement les chefs locaux, la rixe initiale dégénère en affrontements armés qui s'étendent jusqu'à Vitez et Busovaca, importante bourgade à majorité croate sur la route d'importance stratégique entre Vitez et Kiseljak.

C'est la zone de responsabilité du bataillon britannique, le «Cheshire» du colonel Bob Stewart, qui reçoit l'ordre de s'entremettre et de tenter de démanteler les innombrables points de contrôle établis par les deux partis, et de restaurer la liberté de circulation indispensable à la poursuite de l'action humanitaire.

Les Britanniques agissent immédiatement avec leur sang-froid et leur détermination habituels. Leur dotation en Warriors, véritables chars légers très bien protégés et armés, leur permet d'intervenir au milieu des combats et de s'y faire respecter des deux antagonistes. Ils n'hésitent jamais à riposter, comme les règles d'engagement leur en donnent le droit et parce qu'ils en ont les moyens. Ils subissent cependant leur première perte, le pilote d'un engin blindé est tué d'une balle au front par un sniper alors qu'il escorte un convoi d'ambulances à travers Gornji Vakuf.

Avec l'aide des moniteurs de la Communauté européenne et de l'état-major de Kiseljak, le colonel Stewart parvient à établir des contacts entre responsables locaux. Une commission mixte est créée qui se réunit à Vitez au PC du bataillon, elle se dépense sans compter pour ramener le calme et elle y parvient en quelques jours.

Le rôle joué alors par les casques bleus illustre la vraie raison de leur présence et son utilité. Chaque partie accuse l'autre des pires desseins et commande des mouvements de forces destinés à bloquer les intentions offensives prêtées à l'adversaire. Les concentrations correspondantes sont perçues comme autant de menaces. C'est un cercle vicieux où chacun sincèrement pense uniquement à se défendre mais est considéré comme attaquant. Ce cercle vicieux, nos soldats, nos observateurs vont parvenir à le briser en établissant le contact direct entre les chefs locaux.

Ils vont aussi contribuer à calmer la panique, née des rumeurs, le plus souvent non fondées, d'exactions, qui amène les habitants à abandonner leurs maisons pour trouver refuge dans les montagnes et les forêts.

J'en donnerai un ou deux exemples. Les Croates racontent que dans un village abandonné par les leurs, les soldats musulmans ont mis le feu à une chapelle en dansant autour des flammes. Nous nous rendons sur les lieux et rapportons le film que nous y avons tourné. La chapelle est intacte.

De leur côté, les Musulmans invoquent la disparition de trois jeunes filles dont les familles ont fui la région pour se réfugier à Zenica. Naturellement, ils ont les pires inquiétudes sur le sort qu'a pu leur faire subir la soldatesque croate. Nous les retrouvons très vite, elles ont été recueillies par le HVO, errant dans la forêt aux lisières de leur village. Elles sont à Busovaca parfaitement indemnes et nous pouvons les rendre à leurs familles.

Après moins de deux semaines de cette action déterminée, le calme revient et les habitants retournent dans leurs villages.

Ce calme, on le verra, ne fait malheureusement que précéder de nouvelles tempêtes.

*

* *

C'est en Bosnie orientale qu'éclateront ces premières tempêtes. Après avoir pris le temps d'y déployer les forces nécessaires, les Serbes, résolus à venger leurs morts de Noël, commencent à y resserrer leur étau.

Les rumeurs les plus alarmantes nous parviennent par les radioamateurs, seul moyen que la présidence et l'armée bosniaques aient maintenant de communiquer avec la région.

J'essaye de convaindre Karadzic et Mladic que leur intérêt est de cesser leur offensive qui ne manquera pas d'être perçue comme une intolérable poursuite de la politique de purification ethnique. Karadzic fait de belles promesses. Mladic me fuit.

C'est le moyen qu'il a trouvé pour ne pas avoir à me mentir. Il me délègue ses adjoints et ceux-ci peuvent toujours prétendre qu'ils n'ont pas autorité pour décider.

Les jours passent et la clameur s'amplifie sur ce qui se passe à Cerska dont le dispositif de défense se réduit en peau de chagrin et où l'on parle de centaines de blessés civils abandonnés sans soins.

Les Serbes dénient toute liberté de mouvement non seulement aux convois humanitaires mais également aux observateurs sans armes que je leur propose d'envoyer sur place pour assurer un cessez-le-feu qu'ils accusent les forces musulmanes de violer en permanence.

Cette accusation est plausible, il est vraisemblable que l'armée bosniaque ne se contente pas de se défendre sur place mais qu'elle tente, à partir de Tuzla au nord, de Gorazde au sud, de rompre l'encerclement de ses forces locales et de les renforcer, au moins de les ravitailler.

Chapitre VII

SREBRENICA

Mars-avril 1993

New York nous pousse à réagir. Je décide de me rendre sur place pour juger personnellement de la situation. Je sais bien qu'il sera très difficile aux Serbes de me refuser la liberté de mouvement.

Le général Nambiar, fatigué après un an à la tête de la mission, a demandé à être relevé et vient de quitter Zagreb. Je n'ai pas le temps d'en parler avec le général Wahlgren, son successeur suédois, autrement que par téléphone. J'adresse à Mladic un câble dans lequel je lui indique l'injonction de New York, je me rends à Cerska pour m'informer de la situation réelle sur le terrain et aviser avec l'UNHCR de l'aide qui doit être apportée aux populations.

Je prends la route avec une petite escorte pour Tuzla où le bataillon britannique me fournit des renforts avec à leur tête le major Abrams, un superbe officier qui donnera dans cette affaire la mesure de son courage et de ses capacités professionnelles.

Bloqués de longues heures à Zvornik, nous sommes finalement accompagnés par le commandant serbe de la brigade locale jusqu'à l'entrée d'une piste enneigée qui débouche sur le village de Koljevic Polje à quelques kilomètres au sud de Cerska.

Les Serbes savent déjà que la position est tombée, ils savent aussi que la piste est minée. Ils me donnent cette deuxième information mais pas la première en nous souhaitant bonne chance.

Nous nous engageons avec toutes les précautions nécessaires sur cette piste et mettons des heures à en franchir les quelques kilomètres pour arriver à la nuit tombante sur un abattis tenu par quelques miliciens bosniaques. Ceux-ci préviennent leur chef qui envoie un camion pour me récupérer, nos engins ne pouvant franchir de nuit l'abattis qui ne sera dégagé qu'au jour.

J'arrive dans le village de Koljevic Polje où je rencontre les autorités locales et le chef de l'armée bosniaque pour la région, le colonel Nassir Oric.

C'est un homme très jeune, la trentaine à peine, ancien membre des forces spéciales de l'armée fédérale. On dit qu'il aurait été le garde du corps personnel de Milosevic. Chef de guerre éprouvé, il a la réputation de régner d'une main de fer sur son territoire. Je le trouve épuisé par la fatigue, le froid et les privations mais lucide et gardant tout son sang-froid.

Il m'annonce que Cerska est tombée et que les Serbes ne me laisseront sûrement pas y pénétrer parce qu'ils y ont perpétré des massacres, brûlant la plupart des habitants restant dans leurs maisons.

J'interroge les autorités locales sur le nombre de blessés à évacuer, ils me confirment ce qui a été annoncé par les radios amateurs, qu'il y en aurait plus de 700.

La nuit est avancée, je décide de dormir sur place et de me rendre le lendemain à Cerska pendant que les représentants de l'UNHCR et de Médecins sans frontières qui m'ont accompagné feront l'inventaire précis des blessés.

Lorsque cet inventaire aura été dressé on s'apercevra qu'il n'y a pas 700 mais seulement 70 blessés à évacuer. Le chiffre avancé ne procédait manifestement pas de la désinformation puisque ceux qui nous l'ont donné savaient que nous étions venus pour le vérifier. Il faut y voir les résultats de la panique alimentée par la rumeur. Ceux qui étaient là avaient vu affluer dans la nuit de nombreux réfugiés affolés. Certains, blessés, avaient été accueillis dans différentes maisons du village démuni d'installation hospitalière. Personne n'avait pris le temps de les compter et tous croyaient sincèrement qu'ils étaient dix fois plus nombreux.

J'insiste sur ce point parce que j'y vois l'une des raisons de l'obligation de présence des casques bleus dans ce pays. Nos forces sont les seules à pouvoir, le cas échéant, rétablir la vérité et calmer les esprits.

Rumeur encore donc ces massacres commis à Cerska. Après bien des difficultés et des palabres interminables avec les miliciens serbes des premières lignes, j'obtiens en effet d'être conduit, sous bonne garde un rien menaçante, jusqu'au commandant serbe au cœur du village. Il me confirme ce que les premiers miliciens rencontrés nous ont dit spontanément : les habitants du village ont fui dans les forêts avant l'entrée des troupes serbes qui n'ont trouvé sur place qu'un soldat blessé et une femme enceinte. Ces deux personnes ont été transportées sur l'hôpital de Zvornik où nous pourrons les visiter.

J'inspecte un certain nombre des maisons du village et n'y vois en effet pas trace de massacre. Je constate qu'il n'y a rien à faire pour aider qui que ce soit et je rentre à Koljevic Polje.

Je donne l'ordre au major Abrams de demeurer sur place pour préparer l'évacuation des blessés puis je reprends la route de Zvornik-Tuzla-Sarajevo.

Lors de la conférence de presse que je donne à mon retour les journalistes locaux me pressent de questions sur l'origine de mes certitudes. Comment puis-je affirmer qu'il n'y a pas eu de massacres? J'ai alors cette phrase malheureuse que Loïc Beyrou, un journaliste, comprendra, en m'accompagnant plus tard, en mars, dans un village incendié avec quelques-uns de ses habitants, en Bosnie centrale: «Je n'ai pas senti l'odeur de la mort.»

Ce n'était pas dire qu'il n'y avait pas eu de morts dans cette bataille, y compris des civils innocents victimes des bombardements, je voulais dire qu'il n'y avait pas eu de massacre. Mon devoir était de continuer de calmer les haines et favoriser l'arrivée de la paix, dans les esprits d'abord.

Les Serbes me sauront gré de cette objectivité, c'est pourquoi ils ne croiront pas possible de m'empêcher, une semaine plus tard, de me rendre à Srebrenica. Les Musulmans, en particulier ceux de Tuzla, m'en voudront à mort et me déclareront «persona non grata».

J'apprends sur ces entrefaites que les Serbes n'ont pas cessé leur offensive et qu'après Cerska, ils ont bombardé Koljevic Polje en chassant les habitants sous les yeux horrifiés des casques bleus présents. Abrams a vu, la rage au cœur, mourir des femmes et des enfants, ses propres véhicules ont été touchés, certains détruits. Il a dû se replier sur ordre, les habitants ayant fui dans la montagne en emportant leurs blessés, il n'y avait plus rien à faire sur place.

J'acquiers alors la conviction que les Serbes sont décidés, malgré leurs promesses, à mener jusqu'au bout leur «nettoyage» de toute présence musulmane dans la région. Paris partage cette analyse. J'en parle avec le général Wahlgren à Zagreb et je lui dis que je crains que Srebrenica ne suive bien vite le sort de Cerska.

De Srebrenica je reçois des nouvelles affolantes transmises par le représentant de Médecins sans frontière qui a pu s'y rendre à pied depuis Koljevic Polje où il m'avait accompagné et qui a été évacué à son retour par le détachement du major Abrams. Il s'agit là d'un témoignage indiscutable. Une tragédie sans commune mesure avec ce qui s'est passé ailleurs, y compris à Vukovar, se prépare.

Les réfugiés, en majorité femmes et enfants, s'y pressent par dizaine de milliers vivant dans la rue sans aucun abri. Srebrenica est un cul de sac d'où ils ne peuvent s'échapper. Les plus faibles commencent d'y mourir de faim. Toute attaque sur la ville prendra des allures de catastrophe.

Je ne vois d'autre solution que de m'y rendre pour faire passer avec moi quelques observateurs et quelques représentants des organisations humanitaires et assurer ainsi à la ville un bouclier contre la poursuite des attaques et une aide à la survie.

J'arrive, le 10 mars, à Zvornik où je suis à peu près cordialement accueilli par le président monténégrin de la municipalité mais où, sous des prétextes divers, on m'oblige à passer la nuit.

*
* *

Le 11 mars au matin, je suis à Bratunac, toujours en territoire serbe, où l'on m'accueille par le récit des atrocités commises par les Musulmans avant de m'annoncer qu'il me faudra passer par une petite route de montagne pour atteindre Srebrenica, le pont sur la route principale ayant sauté dans la nuit.

En fait, ce sont les Serbes eux-mêmes qui ont détruit le pont. C'est le moyen qu'ils ont trouvé de m'empêcher de passer car ils pensaient la route de montagne impraticable dans la neige épaisse et la savaient minée.

Avant de m'amener jusqu'à l'entrée de cette route, les Serbes me disent combien ils craignent pour ma sécurité personnelle et celle de mes hommes, vu les risques d'attentats musulmans.

Nous les quittons vers 15 heures. Avec moi un engin blindé chenillé M113 et son équipage de cinq Canadiens, une équipe de deux Américains chargés de guider les opérations de parachutage qui ont commencé depuis plusieurs jours, une équipe de deux hommes et une femme de Médecins sans frontières, Larry Hollingworth, le représentant de l'UNHCR, quatre observateurs des Nations Unies, une jeep et un camion du bataillon de transport belge avec dix tonnes de médicaments, mon chef de cabinet, le major anglais Peerce Tucker, mon garde du corps, l'adjudant-chef Mihailov.

Quatre civils, et parmi eux une femme, dont je salue ici le courage, dix-huit casques bleus, un blindé chenillé, quatre véhicules légers et un poids lourd, c'est la colonne que les Serbes voient s'éloigner avec un mélange de respect et de commisération. Elle va tenter de changer le cours des événements et de sauver la paix et des dizaines de milliers de vies humaines.

*
* *

En fait nous ne sommes pas sur une route mais sur une piste forestière qui n'a pas dû être fréquentée depuis des mois. Cinquante centimètres de neige vont nous sauver la vie. Nous avançons au pas, le chenillé en tête, poussant à pied nos véhicules dans les fondrières, les tractant en maints endroits avec le chenillé. Après des heures de cette avancée épuisante, je décide de monter sur l'engin blindé et de précéder la colonne jusqu'aux lignes bosniaques car la nuit tombe qui me fait craindre une méprise. Je suis debout sur le toit de l'engin, agitant un grand drapeau de l'ONU, quand nous parvenons à un col qui défend la vallée de Srebrenica. Un, puis deux, puis trois miliciens armés de kalachnikov sortent prudemment des buissons et viennent au contact. Parmi eux un chef qui me contemple avec incrédulité et qui m'explique qu'il a lui-même miné la piste par laquelle nous débouchons car ils ne nous attendaient absolument pas de ce côté.

Le major Tucker et Mihailov viennent de me rejoindre à pied. Ils sont épuisés et mettent du temps à récupérer.

A ce moment une violente explosion retentit dans la direction où nous attendons toujours la colonne. Nous nous regardons, blêmes. Mine?

C'est bien une mine antichar. Elle n'a pas explosé sous les chenilles du M113 en raison de l'épaisseur de la neige, sur laquelle ont roulé les véhicules légers en la tassant davantage. Elle vient de sauter sous les roues du poids lourd qui fermait la marche. Le blindage qui garnit le poste de conduite du camion a protégé l'équipage belge indemne, les dix tonnes de médicaments sont dans le fossé.

Nous redescendons rapidement dans la vallée et nous atteignons Srebrenica à la nuit.

L'accueil est froid. Que faisions-nous sur cette mauvaise route alors que la grand-route est ouverte sur Bratunac? Les autorités qui nous reçoivent ne croient pas à la destruction du pont et craignent une ruse des Serbes qui nous auraient envoyés en ouverture de route pour forcer le passage à notre suite. Nous les rassurons en leur expliquant que ce passage est maintenant bouché par la carcasse du camion détruit et qu'ils peuvent s'ils le souhaitent y aller voir et tenter de récupérer une partie au moins du chargement.

Au matin, nous tenons avec les autorités une réunion de travail tendue. Nassir Oric est là que je retrouve après Koljevic Polje et qui m'avoue se préparer à mourir ici s'il le faut avec toute la population, car il n'a plus d'autre choix. Je m'efforce de le convaincre que je peux obtenir un vrai cessez-le-feu si lui-même accepte d'éviter toute provocation et que je suis là pour préparer l'arrivée de l'aide humanitaire.

Larry Hollingworth pendant ce temps est parti avec l'équipe de MSF et le seul médecin local inspecter l'hôpital et l'école dans laquelle sont entassés une partie des réfugiés. Les observateurs commencent leur première patrouille emmenant avec eux un soldat bosniaque qui va vérifier et confirmer à ses chefs incrédules la destruction du pont sur la route principale.

Nous retrouvons ici un photographe free-lance allemand, Philip von Reckling-Hansen, et un journaliste de la BBC, Tony Birtley, passés à pied à travers les lignes depuis plusieurs semaines pour le premier et quelques jours pour le second. Ils nous confirment ce que nous avons vu dès notre arrivée : Srebrenica est un enfer.

L'après-midi je rassemble la communauté des responsables. Je leur présente le capitaine canadien Flynn qui doit assurer le commandement de l'équipe d'observateurs. Je leur dis mon intention d'obtenir l'arrivée d'au moins deux autres équipes d'observateurs et l'ouverture de corridors routiers et aériens pour permettre l'acheminement des vivres et des médicaments et l'évacuation des blessés les plus graves. Je les conjure d'obtenir de leurs soldats qu'ils évitent, en attendant, toute provocation.

Je prends congé. Lorsque je veux monter dans mon véhicule et donner le signal du départ une marée de femmes et d'enfants nous entoure. Elles ne veulent pas me laisser partir.

La légende de Srebrenica commence.

Il est 13 heures. Jusqu'à la nuit je vais tenter de convaincre les quelque cinq ou six meneuses de cette manifestation que ma place n'est pas ici. Les casques bleus vont rester avec elles mais je dois moi-même aller négocier à Belgrade, à Pale la fin de leurs souffrances et leur délivrance. Rien n'y fait. Elles sont dans la panique la plus totale que les hommes s'avèrent impuissants à conjurer. Elles ont décidé que je suis leur seule garantie et elles s'organisent pour m'empêcher de les abandonner. Grand nombre d'entre elles se couchent avec leurs enfants dans la neige devant nos roues. Pas question de forcer le passage.

Je vais me coucher tout habillé sur deux chaises et je demande à mes hommes de me réveiller à 2 heures du matin, espérant que l'attention se sera relâchée et que nous pourrons tenter une sortie avec un ou deux véhicules. Je suis décidé à tenir toutes mes promesses, pas à être tenu en otage.

A 2 heures je dis à Tucker et à Mihailov mon intention de tenter une sortie à pied et de les attendre à la sortie de la ville. C'est moi que les femmes veulent garder, ils devraient pouvoir les convaincre de laisser une jeep sortir sans moi dans la nuit sous prétexte de monter sur la crête établir les liaisons radio.

J'enfile ma parka, en resserre la coiffe autour de mon visage et je sors discrètement dans la rue. Des groupes de garde sont agglutinés autour des feux de bois, il fait très froid. Tout est pourtant apparemment très bien organisé et des habitants viennent sans arrêt prendre la relève de ceux qui veillent.

Les mains dans les poches, je me glisse d'un groupe à l'autre, veillant à les contourner à la lisière de la lumière et je sors de la zone des barrages.

Il y a de la lune et le ciel est clair. Je marche sur la route, croisant des petits groupes qui montent vers la ville. A chaque fois je m'arrête sans brusquerie et je fais semblant d'être pris d'un besoin urgent. Même en pleine nuit, même dans des conditions comme celles-là, on ne pose pas de question à quelqu'un qui se déboutonne sur le bord de la route. C'est incroyable mais c'est vrai et je passe sans encombre.

A la sortie de la ville, en face d'une usine désaffectée, je m'arrête et je trouve refuge d'abord dans un buisson, puis dans une maison abandonnée. Je peux de temps à autre me donner quelque mouvement et fumer pour surmonter le froid.

Il doit être 4 heures du matin. Pas de signe de véhicule UN. Par contre des colonnes interminables de réfugiés, vieillards, femmes, enfants, quelques hommes commencent à défiler, remontant vers la ville. J'en compte des centaines qui vont grossir la foule de ceux que je viens d'abandonner.

Je décide de rester avec eux tous.

Je rentre au matin inaperçu en suivant des réfugiés. J'apprends que ma disparition a été découverte, c'est pourquoi aucune voiture n'a pu sortir. Je me montre à la foule à qui je dis que je refuse d'être son prisonnier, que je le lui ai montré cette nuit et que c'est volontairement que je reste avec elle.

La suite est connue du monde entier mais pas le message que je fais alors passer aux Serbes par le canal des radios amateurs et des médias et que je reproduis ici :

« Avec votre permission, je m'adresserai d'abord aux Serbes qui m'ont fait confiance depuis le début de ma mission et qui me respectent. Je suis sûr qu'ils sont nombreux à Belgrade où je suis arrivé il y a plus d'un an, à Titova Korenica, à Knin, à Pale, à Ilidza, à Blazuj, à Zvornik et partout ailleurs où je suis passé les voir et leur parler. A tous ceux-là je dis qu'ils doivent comprendre que je suis ici, à Srebrenica, dans l'intérêt de la paix et aussi dans l'intérêt de leur nation. Pour conquérir quelques arpents de terre et pour venger vos morts, vos soldats combattent encore en ce moment sur les hauteurs qui entourent la ville et les villages environnants. Ici, avec moi, il y a des milliers d'enfants qui risquent de mourir de faim si nos convois routiers ne peuvent les atteindre. Personne dans le monde n'acceptera cette tragédie. Ici c'est le sort de la paix qui est en train de se jouer. La paix est à vos portes, elle vous assurera ce que vous demandez : le respect des droits de chacun dans la liberté et la dignité. Faites confiance aux Nations Unies, faites-moi confiance. Vous savez bien que nous ne sommes pas vos ennemis. Comprenez que c'est aussi pour vous, les Serbes, que je suis et que je resterai à Srebrenica. »

Après ma déclaration à la foule, la cérémonie des couleurs, et cet appel radio, je dis aux représentantes des femmes qu'elles doivent me laisser aller jusqu'aux lignes serbes pour y entamer les vraies négociations. La foule hésite. Lorsque je prends place sur le toit du VTT, précédé d'une femme munie d'un porte-voix, cette foule s'ouvre très lentement, comme à regret, sûrement à regret et me laisse partir. Mihailov me dit alors que plus jamais il ne doutera de moi... Le pauvre a passé une si mauvaise nuit avec son ami Tucker, quand ils me savaient seul dans la campagne. On peut leur pardonner d'avoir douté.

L'après-midi du 13 mars, j'arrive sur les lignes serbes. L'officier qui m'accueille n'en croit pas ses yeux. A Belgrade on me dit prisonnier et voilà que je débarque, le sourire aux lèvres, sans l'ombre d'un soldat bosniaque pour me protéger ou pour me menacer, libre comme je ne l'ai jamais été. Je sais que la bataille est gagnée.

Cela prendra encore des jours, il faudra que je me rende à Belgrade pour deux heures de tête à tête avec Milosevic. Il faudra faire face à beaucoup d'avatars, subir bien des avanies. Mais les convois passent, les corridors aériens s'ouvrent.

L'enfer c'est le désespoir. En arrivant ici nous avons trouvé l'enfer. Moins de trois jours après notre arrivée, j'ai eu la plus belle récompense dont j'aurais pu rêver. Sous ma fenêtre, j'ai entendu de grands éclats de rire.

C'était le sergent américain Chappel et l'équipe des Canadiens du sergent Morrison qui amusaient les enfants par leurs pitreries.

Si Srebrenica eut un tel impact dans l'opinion publique, ce n'est pas tant que nous y ayons sauvé l'honneur — c'était important —, c'est que nous y avons ramené l'Espérance et, avec elle, les rires d'enfants.

C'est pourquoi je ne pourrai cacher mon angoisse quand au retour de Belgrade, au jour décidé pour le déclenchement de la première évacuation aérienne, je me vois interdire le passage à Bratunac par un colonel serbe arrogant et hors de lui, qui me déclare qu'il va régler le sort de ses Turcs comme je n'ai pas su régler celui de mes Algériens.

C'est celui dont je demanderai la traduction en cour martiale, et qui sera en tout cas relevé de son commandement, pour avoir bombardé le stade où sont rassemblés les blessés et tiré sur nos hélicoptères.

Grâce au sang-froid extraordinaire du lieutenant-colonel français commandant de l'opération, le lieutenant-colonel Richard, l'affaire se terminera au mieux mais nous avons frôlé la catastrophe.

En effet, dans le même temps où Richard sauvait ses hommes et ses blessés par une opération d'hélitreuillage à partir du toit d'un immeuble de Srebrenica, le major Tucker qui m'attendait sur la ligne de confrontation avait toutes les peines à calmer les Serbes déchaînés. Il ne parvint finalement à bloquer le passage de leurs chars, qui avaient reçu l'ordre de marcher sur la ville, qu'en plaçant l'unique engin chenillé dont il disposait en travers du seul pont disponible. Les Serbes n'osèrent pas lui tirer dessus, et dans cet affrontement des volontés que n'a jamais cessé d'être la guerre, il remporta une magnifique victoire sans jamais tirer un coup de fusil. Sa bravoure lui vaudra de recevoir à son retour en Angleterre la Military Cross, la plus belle décoration britannique qui puisse être méritée sur le champ de bataille. Il en était digne.

Je dois encore négocier avec Sarajevo et Pale les conditions du déploiement d'une compagnie canadienne à Srebrenica. La ville sera démilitarisée. Les hommes qui voudront y demeurer devront déposer leurs armes, les autres, ceux qui voudraient continuer à combattre, pourront tenter de s'exfiltrer. Ce sont les conditions que j'avais fait accepter à Srebrenica par Nassir Oric lui-même. Elles finirent par donner lieu à un accord officiel.

Avant sa signature, un dernier incident me paraît révélateur de l'atmosphère dans laquelle s'est enfoncé ce pays et en particulier cette région de la Bosnie orientale.

Les plus extrémistes des Serbes n'ont pas accepté sans mal de voir passer les convois de femmes et d'enfants évacués de Srebrenica (du fait, ne l'oublions pas, de l'application de la politique de purification ethnique dont ils restent de farouches partisans) sans pouvoir, en contrepartie, récupérer tous leurs frères de race retenus à Tuzla, Sarajevo et ailleurs.

L'UNHCR a négocié cette affaire avec la municipalité de Tuzla mais il n'était pas question d'organiser dans la panique des déplacements massifs de population, comme le Haut-Commissariat y avait été contraint dans le cas de Srebrenica.

Ce sont donc quelques centaines de Serbes qui, après enquête, ont pu quitter leur foyer au cours du mois pour rejoindre dans le calme leurs familles et leurs amis à Zvornik. Quelques centaines contre plusieurs milliers, le compte n'y était pas et ce fut le prétexte de la manifestation de haine à laquelle j'ai eu droit à Zvornik le jeudi saint 8 avril, alors que j'avais décidé de retourner à Srebrenica pour y aplanir les dernières difficultés.

Cette manifestation «spontanée» avait en fait été montée de toute pièce par l'état-major serbe bosniaque. J'y fus pendant des heures entouré d'une populace déchaînée, sous la «protection» de quelques malheureux miliciens serbes, puis «délivré» par le général Milovanovic, le chef de l'état-major de l'armée serbe de Bosnie à qui je ne cachais pas que je trouvais sa conduite déshonorante. En fait mes hommes et moi n'avons dû ce jour-là d'échapper au lynchage qu'à la solidité des véhicules blindés dans lesquels j'avais donné l'ordre de nous enfermer.

Confronté à cette fureur meurtrière, j'ai eu le temps de méditer, plus que je ne l'avais jamais fait, le mystère de la Passion.

Le lendemain, j'étais à Belgrade où l'on me vit refuser de serrer la main de Gvero que je savais avoir monté le coup. Il n'avait pas volé cet affront public.

A Paris et à New York cette manifestation et ma démonstration du lendemain eurent un effet imprévu. L'état-major craignit réellement pour ma vie et tout le monde douta que je pusse continuer à jouer mon rôle de médiateur dans ces conditions. Je rassurai le ministre François Léotard lors de sa visite à Sarajevo mais les renseignements reçus à Paris étaient vraiment alarmants. Un attentat se préparait contre moi.

De là vint l'annonce par le ministère de mon retour prochain et on sait le tintamarre qui s'ensuivit.

Tout le monde attendait alors la décision du Parlement des Serbes de Bosnie pour l'adoption du plan Vance-Owen. Un dernier round de négociation s'est déroulé à Athènes. Milosevic a promis son soutien et la veille même de l'assemblée, j'ai rencontré un Karadzic confiant qui escomptait un vote favorable à plus de 70 % des suffrages. Il n'en fut rien et je crois pouvoir dire que le renversement se produisit pendant les débats sous l'influence personnelle du général Mladic. Cette nuit-là, c'est lui qui prit ouvertement un pouvoir qu'il exerçait déjà depuis longtemps. Je le lui dis quand je le rencontrai deux jours plus tard et ajoutai qu'il était maintenant pleinement responsable du salut de son peuple. Il ne le dénia pas.

Chapitre VIII

SARAJEVO-KISELJAK-MOSTAR

Mai-juillet 93

Plus de six mois ont passé depuis la création du commandement de la FORPRONU en Bosnie-Herzégovine. Pour la majorité de nos officiers le contrat de présence était de cette durée. L'équipe est donc presque entièrement renouvelée.

Rody Cordy-Simpson a rejoint l'Allemagne où il attend de prendre le commandement de la 1re Division blindée britannique. Il a été fait commandeur du British Empire.

Peerce Tucker, mon chef de cabinet, est parti lui aussi et nous étions très tristes qu'il nous quitte. Parlant remarquablement le français, dévoué à son métier et à son chef, d'une conscience professionnelle exceptionnelle, je l'ai eu tous les jours à mes côtés et l'intimité partagée au hasard des bivouacs et des garnisons que nous avons visitées, les longues heures passées côte à côte dans l'habitacle étroit des voitures et des engins blindés, les risques courus ensemble, tout cela a créé entre nous des liens d'intimité rare.

La relève a été assurée. Lorsque je convoque, à mon retour de Srebrenica, les commandants de bataillon pour une réunion de travail que nous nous efforçons de tenir régulièrement sur un rythme mensuel, presque toutes les têtes sont nouvelles.

Le brigadier général Vere Hayes préside maintenant aux destinées de l'état-major. Un grand front dégarni, les yeux bleus un peu à fleur de tête, une bouche élargie par un perpétuel sourire, un grand corps maigre, il est à la fois un travailleur efficace et un chef très apprécié. Après Cordy-Simpson, l'armée britannique peut être fière d'avoir su si bien choisir deux officiers généraux de cette classe pour la représenter au poste clé qu'ils ont tenu.

Bernard Cole, lieutenant-colonel de la Royal Air Force, grand, distingué, visage fin orné d'une moustache très britannique, a remplacé Peerce Tucker. Sous une attitude très réservée, un peu timide, il cache une vive intelligence et une grande sensibilité.

Au poste de commandant du secteur de Sarajevo, le colonel français Valentin a remplacé, depuis la mi-février déjà, le général égyptien. Il est extraordinairement solide et courageux. Sa présence sur le terrain aux points les plus exposés rassure, son calme en toutes circonstances est communicatif. Il fait un métier impossible et tous ces hommes avec lui, sans aucun état d'âme. Pas très grand, d'allure jeune et sportive, il est beau garçon et sait parler aux journalistes. Il fait honneur à la France. Il en est de même du colonel Poulet, commandant le 2e REP, qui a succédé au RICM du colonel Sartre dans sa mission de «bataillon français du secteur de Sarajevo». Valentin et Poulet sont des hommes sur lesquels je sais pouvoir me reposer en toutes circonstances. Je peux tout leur demander, pratiquement sans préavis. Ils râleront un peu, me diront que je ne suis pas raisonnable, et exécuteront tous mes ordres dans leur esprit et dans leur lettre.

Je ne peux citer ici tous ces officiers qui m'entourent et servent la mission. Je n'en décris que quelques-uns, que les autres me pardonnent. Mes adjoints espagnols Martinez-Cole, rentré à Noël au chevet de sa femme très malade, et Prado-Navarro qui l'a remplacé, le chef d'état-major adjoint belge le colonel Sanders, le chef du 3e bureau le Canadien français Letjens, tous les autres.

Tous ces fidèles, qui ont été et qui resteront mes amis, si j'en parle ici, c'est pour mieux faire comprendre la liberté d'esprit qui était la mienne.

Je sais qu'on s'est étonné ici et ailleurs qu'un général de corps d'armée puisse courir les routes comme je l'ai fait, au lieu de rester assis au calme dans son bureau de Kiseljak.

La réponse est double. Les cimetières sont pleins de gens irremplaçables et même un commandant en chef peut être remplacé au pied levé. Mais un commandant en chef est *seul* responsable, il ne peut agir, quitter provisoirement son poste que s'il a une confiance totale en ses subordonnés et s'il peut rester en contact avec eux. Avec les moyens modernes de communication par satellite, c'est aujourd'hui facile. De mon PC de Srebrenica j'ai, grâce à nos amis américains en particulier, eu en permanence la liaison avec Kiseljak et, par relais interposé, avec Zagreb, Paris, New York.

Parlant de mes amis américains, il me faut saluer au passage le brigadier général Jones du glorieux corps des Marines, venu si souvent me voir à Sarajevo et sur l'aide duquel je savais toujours pouvoir compter «semper et fidelis».

Un calme nouveau, mais combien fragile, est revenu sur Sarajevo, les journalistes avec surprise découvrent le «printemps de Sarajevo», les habitants à la terrasse des cafés, la foule dans les marchés, l'électricité et l'eau rétablis sur plus des trois quarts de la ville — une vie qui reprend.

C'est le moment où Joan Baez accepte de venir donner un concert exceptionnel pour les habitants. Elle y remporte un énorme succès. Sa présence est la preuve que Sarajevo va sortir de son cauchemar.

Elle veut bien me dire son admiration pour l'action des casques bleus et accepte de chanter pour eux. Le concert privé qu'elle donne sur l'aéroport au profit du 2e REP reste pour moi un grand moment de satisfaction. Les légionnaires n'ont pas accueilli la nouvelle dans l'enthousiasme. Pour eux, recevoir cette antimilitariste militante c'était dîner avec le diable. Ils ont été séduits par la grande voix et aussi par la gentillesse de la chanteuse.

Si l'on m'avait dit, il y a quelques mois, que je commanderais des Russes, des Ukrainiens, des Tchèques et des Polonais. Si l'on m'avait dit qu'un de mes principaux adjoints au poste de conseiller pour les affaires civiles et politiques serait le Russe Victor Andreev, que j'ai connu à

Knin et qui a accepté sans hésitation de me rejoindre à Kiseljak, mon ami qui est vraisemblablement un ancien du KGB et est intimement lié avec l'actuel ministre russe des Affaires étrangères. Si l'on m'avait dit que Joan Baez viendrait chanter pour les légionnaires français. Si l'on m'avait dit...

Voilà le côté exaltant de cette mission dont les médias n'ont perçu trop souvent que les difficultés. Nous construisons l'Europe et qu'importe si son union est encore si imparfaite. Nous tentons de rétablir la paix et tant pis si elle n'est encore qu'un rêve. Si l'on m'avait dit...

En Bosnie centrale et en Herzégovine, malheureusement le rêve tourne au cauchemar. Les heurts de février entre communautés croates et musulmanes ont assez rapidement cessé, comme je l'ai raconté, mais la tension est demeurée très vive et tous les éléments sont rassemblés pour une nouvelle explosion. Bien que les habitants soient retournés dans leurs villages, des bandes d'irréguliers continuent de battre la campagne aussi bien chez les Croates que chez les Musulmans.

Lorsqu'il pressent que le plan Vance-Owen pourrait achopper sur l'opposition des Serbes, Mate Boban, le leader croate, qui se satisfaisait du partage prévu, décide peut-être qu'il peut l'imposer sur le terrain et réaliser par la force ce qui paraît si difficile à obtenir par la négociation.

Il semblerait établi que les premières provocations soient venues de ses partisans, bien qu'ici et là, certaines bandes de mercenaires musulmans portent aussi une lourde part de responsabilités.

Dès les premiers troubles, le président Izetbegovic et Ganic me demandent mon aide. Cette aide ne sera pas comptée, nous fournissons aux deux chefs militaires Haliljovic et Petkovic le moyen de se rencontrer et de parcourir, sous escorte de la FORPRONU, les régions dévastées par les combats.

Je me souviens d'un de ces convois parti de Mostar pour rejoindre Vitez et Zenica, et dont l'escorte était espagnole. En jeep blindée avec à mes côtés le vice-président Ganic, les commandants en chef et leurs gardes du corps dans deux autres blindés.

Il faisait beau pendant cette remontée de la vallée de la Neretva, mais nous n'avions pas l'esprit à en apprécier les splendeurs. Tous les dix kilomètres, parfois moins, il fallait s'arrêter à un barrage tenu par des miliciens le doigt sur la détente, établis là dans l'affolement, le plus souvent sans liaison aucune avec leurs chefs, parfois de leur propre initiative, si bien que les postes n'alternaient pas dans une logique militaire, un croate, un musulman comme on aurait pu s'y attendre si de vraies lignes de front s'étaient formées.

Il nous fallait être vigilants et, sans se tromper, faire sortir de leurs engins le général Petkovic pour parler aux Musulmans ou Haliljovic... aux Croates.

C'était à la fois dérisoire et consternant de remonter cette route qui jusque-là avait été l'artère vitale de ravitaillement de l'intérieur du pays, fréquentée jour et nuit par les convois sans escorte de l'UNHCR et de toutes les organisations non gouvernementales et qui, en l'espace de quelques jours, s'était hérissée de barricades improvisées et de bouchons de mines tenus par des hommes qui ne comprenaient pas eux-mêmes ce qu'ils y faisaient.

Au terme du voyage à Zenica, tenu par les forces bosniaques, nous tentons de mettre au point, sinon un commandemant commun, au moins un organe permanent de liaison entre l'armée bosniaque et le HVO. Nous sommes reçus par le commandant du corps bosniaque, le général Hadjihassanovic, mais devons attendre longtemps le commandant de la brigade HVO. Quand il arrive, c'est avec une barbe de six jours, sans ceinture à son pantalon, ni lacets à ses chaussures. Il vient d'être extrait d'une prison où la police locale, sans en référer à l'armée, l'avait enfermé sous l'inculpation de crimes de guerre. Son arrivée dans ces conditions, jette le froid que l'on peut imaginer et je pense alors qu'en dépit des bonnes volontés manifestées au plus haut niveau, l'engrenage de l'anarchie est enclenché de façon inexorable.

Je charge mon adjoint, le général Prado-Navarro, de poursuivre à partir de Mostar et de Medugorje, PC du bataillon espagnol, les négociations qui aboutiront à une succession d'accords de cessez-le-feu entre Croates et Musulmans. Accords jamais tenus, mais la situation que je viens de décrire permettra de comprendre que ce n'est pas faute de bonne volonté au sommet.

Mate Boban même, que je rencontre à son PC de Grude et qui est considéré comme le principal responsable de la rupture, me paraît sincère dans son désir d'apaisement. La maîtrise de la situation lui a échappé, comme elle a échappé à la présidence.

Pour donner des signes de sa bonne volonté et connaissant les griefs accumulés par les Croates contre son commandant en chef, Izetbegovic va jusqu'à relever Haliljovic de son commandement pour le remplacer par le général Delic, plus âgé, et qui, ancien colonel de la JNA, est unanimement respecté. Ce sera, pendant un temps au moins, peine perdue.

La peur s'est installée dans cette région jusque-là si calme. Il a suffi de quelques assassinats, de quelques incendies, pour que des minorités affolées, croates ici, musulmanes là, se lancent sur les routes ou viennent chercher refuge auprès des cantonnements de l'ONU.

A Kakanj, par exemple, ce sont 800 membres de familles croates qui ont demandé asile au bataillon français du génie. Ils viennent de la vallée voisine où quelques bandits ont proféré des menaces et procédé au pillage des habitations abandonnées. L'armée bosniaque qui a installé des gardes tente réellement de protéger les propriétés. Nous déployons dans la vallée des éléments du bataillon canadien. Le responsable d'un monastère voisin s'évertue à convaincre les habitants de retourner à leurs maisons. Je m'y essaye à mon tour, à l'occasion d'une visite. Rien n'y fait. Les 800 réfugiés de Kakanj ne demandent qu'à fuir, n'importe où, pourvu que ce soit loin de chez eux et du cauchemar où il se sentent enfermés.

Le général Mladic s'attendait à un clash et me l'avait annoncé. Rien ne pouvait mieux servir ses intérêts. De là à penser qu'il pourrait en être en quelque manière responsable ou que tout ce qui arrive n'est que le résultat d'une action concertée au-dessus de lui, entre les présidents Tudjman et Milosevic, la tentation est grande, mais je n'y tomberai pas.

Les Serbes vont tirer parti de la situation, offrir en maints endroits une aide tacite ou officielle aux forces du HVO en difficulté et se montrer très généreux vis-à-vis de l'UNHCR en facilitant le passage à travers leurs territoires aux convois d'aide humanitaire.

Il est vrai que la perspective d'une intervention militaire internationale s'éloigne plus que jamais et que le risque apparaît maintenant que Mladic ne se croie tout permis.

Je ne cesse de le mettre en garde sur ce point, à propos de ce qui se passe à Gorazde, lui rappelant ce qui s'est produit à Zeppa encerclée où nous avons dû appliquer les mêmes remèdes qu'à Srebrenica.

Il a le vent en poupe et il le sait. J'insiste avec toute ma conviction sur les devoirs que cela lui crée. Il consent à m'écouter et me demande à rencontrer ses homologues.

Les rencontres ont lieu sur l'aéroport de Sarajevo dans un rituel maintenant établi. Accueil successif des délégations arrivées dans les blindés de l'ONU de Kiseljak pour les Croates, de

Lukavica pour les Serbes, de la présidence pour les Bosniaques et qui gagnent au second étage du PC du bataillon français des petites salles, toujours les mêmes, où ils ont pris leurs habitudes.

Dans le couloir qui dessert toutes ces salles, les gardes du corps se côtoient sans aucune marque d'hostilité.

La grande salle de conférence est connue du public. Quatre grandes tables en carré. L'ONU au centre, les Bosniaques à gauche, les Croates en face, les Serbes à droite. Des interprètes dans tous les coins. Un secrétariat avec son micro-ordinateur et son imprimante pour rédiger les propositions. Derrière un rideau, une table avec des sandwiches et des fruits, du vin, de la bière et de l'eau.

Certaines de ces séances ont duré seize heures, d'autres moins. Je ne sais combien de temps nous avons pu passer là. Je suis sûr que ce n'était pas du temps perdu.

J'en suis convaincu le jour où, à la faveur d'une de ces réunions, les chefs passent tour à tour de longues minutes en conversations privées, le Croate avec le Bosniaque, le Croate avec le Serbe et enfin, sans qu'aucune publicité n'en soit faite — à leur demande —, le Serbe avec le Bosniaque.

Ce jour-là du mois de juin, j'ai le sentiment que je vais pouvoir partir. Tous mes efforts depuis des mois ont tendu à ce résultat : qu'ils puissent se passer de moi pour s'entendre. Aujourd'hui ils sont face à face, seuls. Les résultats vont se faire attendre mais quel chemin parcouru !

Quel chemin parcouru en beaucoup d'autres endroits qu'ici à Sarajevo. Il me faut parler de ce que réalisent les Français à Bihac.

Dans une situation il est vrai privilégiée, le responsable politique local, Fikret Abdic, étant un partisan résolu de la négociation, le bataillon français est parvenu à aider les 300 000 habitants de cette poche à retrouver progressivement une vie quasi normale.

Enfreignant les règles de l'ONU, avant de se faire donner une bénédiction officielle par Zagreb, le bataillon français met dès son arrivée toutes ses ressources à la disposition des autorités locales. Le parc de camions de l'UNHCR ne suffisant pas à l'approvisionnement en aide humanitaire, ce sont les camions du groupe de transport qui doublent pratiquement chaque semaine cette capacité. Cela n'a pas été sans poser des problèmes avec les autorités croates, mais celles-ci se sont vite aperçues, et elles sont bien renseignées, qu'il n'y avait pas là source de trafic illicite.

Cette manne a permis de faire face aux besoins immédiats de la communauté civile. Fikret Abdic, avant d'être un politique, est un homme d'affaires. Cela lui a valu, à la fin des années 80, des démêlés avec la justice yougoslave pour faillite frauduleuse de son entreprise Agrokommerz. Il a gardé de cette période une clientèle au sens romain du terme, qui va au-delà des frontières. Bon nombre de ses anciens employés et ouvriers sont des Serbes de Krajina avec lesquels il a continué d'entretenir des relations. Avec la communauté croate, il n'a pas de problèmes. Il a su jusqu'à présent éviter le conflit avec l'armée bosniaque et son commandant, fidèle lieutenant d'Haliljovic et qui voit d'un mauvais œil la distance prise progressivement vis-à-vis de la présidence de Sarajevo.

Abdic est populaire ailleurs que dans son fief. A Sarajevo même, un sondage a montré que sa cote était meilleure que celle de tout autre leader musulman, à l'exception de Sisladzic, le ministre des Affaires étrangères.

Pour les Serbes, en tout cas, et Mladic en particulier, il serait un partenaire beaucoup plus acceptable que le président Izetbegovic, définitivement classé dans les rangs des fondamentalistes irrécupérables et dangereux.

Je fais à Bihac une visite d'inspection qui me permet de vérifier que là plus qu'ailleurs subsiste la modération, source de tolérance, et que les résultats en sont spectaculaires. Les écoles sont ouvertes. Le commerce renaît dans une ville animée. Les champs alentour sont cultivés dans leurs moindres recoins. On rencontre des baigneurs au bord de la rivière. Ce n'est pas l'Eden, loin de là, mais c'est encourageant.

A cela, les Français ont contribué, non seulement par l'aide matérielle mais par une présence active de leurs patrouilles sur tous les points chauds. Ils ont même été jusqu'à creuser des kilomètres de fossés antichars dans la plaine aux frontières de la Krajina, quand les risques d'une offensive serbe se faisaient plus alarmants.

Comme l'a écrit Jean-François Deniau au retour d'une de ses missions sur le terrain, «ils font de la pacification au sens noble du terme».

En contraste avec le calme qui s'installe à Bihac, la situation ne cesse malheureusement de se détériorer autour de Mostar et de Vitez.

On y vit les pires moments de ce qu'a connu la Bosnie orientale au début de la guerre, tentative d'élimination de l'autre par le meurtre et la destruction, repli sur soi de communautés qui s'organisent en autodéfense et tentent de porter le fer et le feu chez l'adversaire voisin simplement pour desserrer l'étau dans lequel elles se sentent enfermées.

Mostar se coupe en deux de part et d'autre de la Neretva. Des milliers de civils parfaitement innocents sont jetés dans des prisons improvisées où la misère est grande, précisément parce qu'elles ne sont pas organisées.

L'arrêt brutal des approvisionnements, provoque la fermeture des quelques usines qui avaient continué de fonctionner. C'est le cas en particulier des centrales thermiques avec l'effet d'avalanche que cela produit dans ce qui subsistait d'économie organisée. Sarajevo recommence à manquer d'eau et d'électricité. La population en Bosnie centrale souffre de la faim pour la première fois et ici ou là les quelques convois qui osent le passage sont attaqués au coin du bois, non plus, comme cela s'est produit jusqu'alors, pour les empêcher d'apporter de l'aide à l'ennemi, mais carrément pour les piller.

Après l'assassinat de plusieurs de ses conducteurs, l'UNHCR doit suspendre tout convoi et fermer certains de ses entrepôts. Le «convoi du salut» de 500 camions, organisé par des organisations non gouvernementales pour le ravitaillement de Tuzla à partir de Mostar, est disloqué dans la région de Travnik, de Vitez, et certains de ses conducteurs lynchés. Le bataillon britannique doit tirer sur les miliciens croates pour mettre fin au massacre qui a commencé. Les responsables sont impuissants.

C'est alors que, le 12 juin, au cours d'une conférence de presse, je lance un appel au retour au calme, qui sera perçu comme dramatique. J'indique que si la situation devait continuer à se dégrader, la mission des casques bleus comme celle des organisations humanitaires pourraient devenir impossibles. J'invite la population, dont je connais la volonté de paix, à faire pression sur ses dirigeants, pour les aider à comprendre où se situe le bien commun.

En lançant cet appel, je pense en particulier aux femmes de Bosnie. Je rêve qu'après celles de Blazuj et de Srebrenica elles se révoltent toutes ensemble contre la folie des hommes.

Parce que ce sont elles qui donnent la vie, les femmes mieux que les hommes en connaissent le prix. Dans ce pays, elles ont jusque-là supporté avec une extraordinaire dignité le poids des souffrances. Ce sont elles qui pleurent la disparition ou l'absence des êtres chers qui leur manquent. Ce sont elles qui tremblent pour leurs enfants, qui se démènent pour les soigner et les nourrir. Elles qui organisent au fond des caves des écoles improvisées, elles qui maintiennent dans les hôpitaux un minimum d'hygiène et de chaleur humaine. Elles qui savent demeurer soignées, élégantes et souriantes quand tout devrait les pousser au désespoir. Elles enfin qui ne croient pas pouvoir sortir de leur condition en imposant leur voix parce que la tradition veut qu'elles aident à l'effort de guerre, mais ne prennent aucune part à la recherche de la paix.

En s'unissant à Blazuj et à Srebrenica, elles ont provoqué la stupeur, l'embarras et la confusion de leurs hommes, elles ont forcé le destin. Puissent-elles en prendre conscience et généraliser ce type d'actions sur tout le territoire !

Ce message, lancé le 12 juin soir, sera beaucoup mieux reçu à l'intérieur du pays qu'à l'extérieur. Le lendemain *Oslobodenje* aura le courage de sortir un éditorial sous le titre « Aidons le général ». Je suis sûr que l'éditorialiste aura su entendre, comme je l'ai fait, le cri des femmes, des enfants de la Bosnie : « Mir, mir, samo mir. » La paix, la paix, rien que la paix.

Quelques jours après cet appel, je retourne à la demande du président Izetbegovic à Medugorje pour une nouvelle tentative de médiation qui n'apportera qu'une temporaire accalmie. Je rencontre à nouveau Mate Boban qui m'apparaît très exalté. Il n'attend des casques bleus dont il n'a jamais demandé la venue, rien d'autre qu'ils l'aident à sauver ses compatriotes traqués dans les forêts et qui ne souhaitent partout en Bosnie que de pouvoir se réfugier dans les provinces dont il a le contrôle.

Grâce à son influence, après cet entretien, j'obtiens enfin une réunion des principaux chefs locaux croates et musulmans et leur décision de créer à Mostar même un état-major commun avec la participation des représentants de la police.

Nous sommes bien conscients de la vanité de nos efforts pour le moyen terme, mais pour le très court terme nous parvenons cependant à faire cesser le feu et procéder à des échanges de prisonniers. Quelques convois en profitent pour apporter de l'aide humanitaire aux habitants des deux bords. Des blessés graves sont évacués.

Je visite un des centres de détention de prisonniers musulmans dans une usine désaffectée et j'ai l'émotion de m'y faire accueillir par les détenus aux cris de « vive la France ». J'obtiens leur libération qui sera effective dès le lendemain sous le contrôle de la Croix-Rouge et de l'UNHCR.

Exemple, un des derniers pour moi, des succès que notre action permet.

Dans cette opération, le bataillon espagnol a payé un très lourd tribut. Il a perdu près d'une dizaine d'hommes. J'admire la foi qui ne continue pas moins d'animer ses cadres et sa troupe.

A mon retour à Sarajevo, j'apprends les projets qui se préparent dans la réorganisation du commandement.

La dernière résolution du Conseil de Sécurité vient de confier à la FORPRONU un rôle de dissuasion dans la mission de protection des populations des «safe areas».

Ce changement de politique doit s'accompagner d'un changement des chefs au plus haut niveau. Le général Wahlgren sera remplacé par un Français, le général Cot. Toute chance que la France ne puisse conserver simultanément les deux commandements de Zagreb et de Kiseljak.

A la fin du mois de juin, j'apprends du ministre le nom de mon successeur, ce sera mon camarade de promotion de l'Ecole de guerre et mon ami, le général belge Francis Briquemont.

Je fais en quelques jours le tour de toutes les unités. Je reçois partout un accueil touchant par sa simplicité et sa chaleur.

Le 9 juillet, une dernière réunion du groupe de travail mixte qui devait être consacrée aux conditions de réalisation d'une zone protégée autour de Sarajevo échoue par la faute des représentants serbes qui remettent brutalement en cause tous les accords passés au prétexte qu'ils faisaient partie du plan Vance-Owen et que ce plan n'existe plus.

Le 10 après un rendez-vous manqué à Pale avec Karadzic, je lui remets la lettre suivante :

« Monsieur le Président,

« Je suis venu ce matin sur votre invitation pour un meeting qui devait nous réunir avec le général Mladic. Je regrette qu'il n'ait pu se tenir.

« Je quitterai Sarajevo et la Bosnie lundi matin et je pensais utile, avant de rejoindre Paris, de tenter une nouvelle fois de mettre un terme aux souffrances de la population.

« L'hiver sera là dans quelques semaines et dans l'état actuel des installations les plus indispensables à leur survie, les habitants des villes ne le supporteront pas.

« J'ai tout tenté pour lever le siège de Sarajevo et je sais que, jusqu'à ce jour, cela n'a pu se faire faute de réelle volonté de part et d'autre. Aujourd'hui, la présidence bosniaque paraît réellement décidée à la mise en œuvre des mesures concrètes sur lesquelles nous avons travaillé depuis des mois au sein du groupe de travail militaire mixte. Vous comprendrez ma déception que tout ce sur quoi je pensais avoir reçu votre engagement personnel et celui du général Mladic ait été remis en cause au dernier moment hier 9 juillet, par vos représentants. Je suis obligé d'en rendre compte au secrétaire général des Nations Unies.

«J'aime ce pays et vous le savez. Je vais le quitter avec l'espoir de le retrouver un jour prochain en paix dans sa splendeur d'autrefois. Cela dépendra en grande partie des décisions que vous prendrez...»

Karadzic m'enverra le même jour par fax une lettre très courtoise où il exprime ses espoirs d'une solution rapide.

A Sarajevo même, je reçois de nombreux témoignages de reconnaissance de ceux, amis ou inconnus, qui me disent leur peine de me voir partir.

Je cite, en en conservant l'orthographe et le style, les extraits d'une lettre portée parmi d'autres à la Résidence, la veille de mon départ :

«A la fin de votre séjour à Sarajevo, je désire à vous dire que tous que vous avez fait était excellent... Il ne faut pas que vous soyez un peu triste, vous resterez notre "Philippe de Bosnie" et chaque jour vous nous souviendrons à vous, car vous était correct et courage homme. Ce sont grand qualité surtout en temps quand tous les valeurs sont perdues... Encore une fois ne soyez pas mécontent et triste, pas de raison pour ça.

«C'est pourtant avec une grande tristesse que je rédige mon dernier ordre du jour.

«En quittant mon commandement, je tournerai demain la plus belle page de ma carrière militaire.

«Sous mes ordres, vous êtes venus de tous les coins du monde pour une mission ingrate et difficile : soulager les souffrances d'une population assiégée, traquée, affamée, paniquée et pour une mission pour le moment impossible : ramener la paix entre des parties qui n'en veulent pas encore.

«Je n'oublie pas que vingt de vos camarades ont laissé dans cette action leur vie sur ce sol déchiré. Je m'incline devant leur mémoire en sachant que leur sacrifice n'aura pas été inutile.

«Vous pouvez être fiers de la façon dont vous avez rempli votre mission d'aide humanitaire, vous n'avez pas à rougir de n'avoir pas réussi à rétablir la paix.

«J'ai confiance que sous les ordres du général Briquemont, avec les moyens attendus de renforcement, grâce à l'immense désir de la population que ses dirigeants finiront bien par comprendre, vous saurez le faire.

« Sarajevo, le 11 juillet 1993. »

Le soir même, le président Izetbegovic me reçoit en audience officielle. Devant les caméras il me remet un passeport de la république de Bosnie-Herzégovine. Cette attention me va droit au cœur.

Je quitte Sarajevo, le 12 juillet au matin, après une très courte cérémonie militaire. Dans l'avion qui me ramène à Paris, je relis le livre *Ce que je crois* que Jean-François Deniau m'avait donné il y a quelques jours, lors de sa visite avec les académiciens Maurice Druon et Bertrand Poirot-Delpech auprès de leurs collègues de l'Académie de Sarajevo.

Je me souviens de l'émotion suscitée par leur passage et du message d'espérance qu'ils ont laissé derrière eux. Deniau a su leur dire à propos de l'espérance ce que je retrouve aujourd'hui sous sa plume. « Le moment où tout paraît désespéré, c'est celui où tout devient utile... Autant que de vivres et d'armes, il y a besoin d'espoir... Tout paraît inutile et rien n'est jamais perdu... Réveillez-vous compagnons ou camarades, ou frères que je ne connais pas. Que votre main dans l'ombre en trouve une autre. Soufflez sur les cendres, le feu n'est pas éteint. Nous attendrons le jour ensemble. »

Je prendrai congé de mes compagnons de Bosnie-Herzégovine, croates, musulmans, serbes, avant d'avoir vu se lever le jour. Cela ne veut pas dire que la nuit ne s'achèvera pas.

Comme Deniau sait bien parler aussi du courage, de l'honneur, de la vérité, de la rébellion ! C'est avec cette vertu et pour la défense de ces valeurs que les casques bleus ont été et resteront dans ce pays jusqu'au lever du jour.

Surtout que le monde ne rougisse plus de leur action !

Depuis quelques semaines, des milliers de lettres reçues du monde entier me disent le contraire. Puisse le courant de sympathie né du choc de Srebrenica ne pas s'éteindre à la faveur des difficultés que ne vont pas manquer de connaître mes successeurs.

Puissent nos soldats ne pas éprouver à nouveau l'amertume de se sentir oubliés, abandonnés et méprisés par leurs compatriotes impatients d'une paix qui pourrait bien mettre encore longtemps à s'établir.

Chapitre IX

QUE PEUT-ON FAIRE ?

Les dernières négociations ont permis des progrès importants, l'essentiel sera que les droits des minorités soient respectés dans les provinces ou républiques qui devraient naître du partage de la Bosnie.

Ceci est fondamental car l'application de la règle de la majorité n'est en aucun cas appropriée dans des pays hétérogènes comme les Balkans. On aboutirait inexorablement à la domination de la communauté la plus nombreuse sur les autres qui jamais ne lui en reconnaîtront le droit et qui reprendront les armes pour défendre leur identité.

Le projet de purification ethnique est né de ce constat. Un tel plan n'est applicable qu'au prix du déchirement des liens très profonds qui sous-tendent ce besoin d'identité.

Liens d'interdépendance dus à la complémentarité des cultures, liens affectifs nés de la très longue et harmonieuse cohabitation entre chaque période d'héroïsme, de violence et de destruction.

Ce projet ne peut être mis en place qu'au prix d'un déplacement massif de populations qui ne souhaitent rien d'autre que pouvoir rester sur la terre qui les a vues naître. Il est dangereux.

Vouloir contenir la puissance démographique des populations musulmanes à l'intérieur de frontières hermétiques, c'est prendre le risque de créer au centre du pays et de l'Europe une situation aussi explosive que celle qui existe aujourd'hui encore au Moyen-Orient. C'est regrouper en des lieux où ils seront vite à l'étroit des centaines de milliers de déracinés qui ne vivront, de génération en génération, que pour reconquérir la terre de leurs ancêtres. C'est donner au fondamentalisme islamique une chance qu'il n'a jamais eue sur cette terre de Bosnie.

Il faudra qu'à l'intérieur des provinces placées sous l'administration d'une communauté, les autres groupes puissent vivre en sécurité. Ce pourrait être le rôle de la communauté internationale d'assurer au moins temporairement cette sécurité.

Après la signature d'un accord de paix, les renforts prévus de la FORPRONU auront probablement à se déployer en priorité dans les enclaves minoritaires qui devront subsister à l'intérieur de chaque nouvelle entité. Pour aider leurs actuels habitants à y demeurer et préparer à plus long terme le retour de ceux qui en ont été chassés par la violence et par la peur.

Si cet accord devait continuer d'achopper sur des querelles de bornage, pourquoi ne pas proposer de figer la situation dans les territoires contestés — j'ai constaté qu'ils ne concernent plus qu'un faible pourcentage — en les plaçant sous contrôle purovisoire des Nations Unies ?

Et puis, si manifestement les leaders actuels ne parviennent pas à trouver cette solution dont le pays a un urgent et vital besoin, s'ils continuent d'être dépassés par les plus extrémistes de leurs partisans, ne sera-t-il pas temps d'envisager la mise en place d'un protectorat provisoire des Nations Unies ? Quand j'ai quitté Sarajevo, bon nombre de mes interlocuteurs officiels en parlaient déjà et la population dans son ensemble n'attendait que cela.

Je sais que le secrétaire général des Nations Unies est loin de disposer aujourd'hui des ressources financières et militaires nécessaires à une telle entreprise. Il a engagé toute son énergie à tenter de les rassembler.

Il demande à ses mauvais payeurs d'honorer leurs engagements. L'opinion publique doit l'y aider et placer les gouvernements intéressés devant leurs responsabilités.

Il fait étudier le projet de création d'un réservoir de forces et de matériels militaires que les nations contributrices s'engageraient sur très court préavis à mettre à sa disposition. Je viens de lire avec intérêt qu'une commission spéciale du Congrès américain avait approuvé ce projet.

Il lui manque incontestablement un organisme de planification militaire. Celui-ci existe sur le papier, c'est le comité des chefs d'état-major des pays membres permanents du Conseil de Sécurité. Je ne suis pas le premier à dire qu'il serait possible et souhaitable de le faire sortir des limbes.

Pour ce qui concerne la conduite des opérations, il serait illusoire et vain de vouloir la centraliser à New York, un super-Pentagone n'y suffirait pas. Il faudra continuer d'en déléguer la responsabilité aux commandants désignés des forces disposant sur le terrain des états-majors nécessaires.

A cet égard l'expérience que j'ai vécue d'abord avec la création de toutes pièces de l'état-major du général Nambiar, puis avec la mise à ma disposition pour le commandement en Bosnie du noyau important d'un organisme existant m'a permis d'apprécier les avantages énormes de la seconde formule. Je souhaite qu'elle puisse se généraliser pour le démarrage de toute nouvelle opération.

Pour l'équipement des forces, l'effort devrait porter sur la protection des équipages et l'amélioration de laur capacité de riposte instantanée.

Face à la menace constituée par l'emploi généralisé des mines et les tirs de snipers et d'artillerie, les engins blindés légers à roues offrent un très bon abri. Ils présentent sur les engins chenillés l'avantage d'une bonne mobilité sans l'inconvénient d'une détérioration trop rapide des infrastructures.

Il ne suffit pas d'être protégé passivement contre les menaces, il faut pouvoir les faire cesser en y répondant. Contre les tirs isolés, la meilleure arme est le canon ou la mitrailleuse sous tourelle. Contre l'artillerie, l'emploi de l'aviation s'impose en raison de la précision de ses frappes, qui permet de limiter les risques pour les populations.

Améliorer l'outil militaire mis à la disposition du secrétaire général des Nations Unies est nécessaire. Ce ne sera pas suffisant.

Nous vivons une période passionnante de rupture des équilibres qui ont réglé la marche de l'histoire au cours du XXe siècle. Un nouvel ordre mondial se dessine. Quel sera-t-il ? Ce que les politiques en décideront.

L'outil mondial de maintien de la paix devra être subordonné à un pouvoir politique. Les Nations Unies parviendront-elles à s'ériger en gouvernement mondial ? Quand on constate les difficultés éprouvées pour regrouper en un tout cohérent l'ensemble relativement homogène des nations européennes, on peut douter que ce soit pour demain.

Est-ce à dire que tous les efforts accomplis jusqu'à présent pour ramener la paix partout où elle n'est pas encore établie sont vains ? J'ai écrit ce livre pour démontrer le contraire.

Je l'ai écrit pour clamer à tous ceux qui, par découragement, seraient enclins à prôner la passivité qu'« il n'est pas nécessaire d'espérer pour entreprendre ni de réussir pour persévérer[1] ».

---

1. Guillaume d'Orange.

Je l'ai écrit à l'intention de tous les jeunes qui craignent d'être venus trop tard dans un monde trop vieux, pour leur dire que le monde a plus que jamais besoin de la générosité de leur âge et qu'ils peuvent parfaitement s'y épanouir à condition de «CROIRE ET OSER, POUR NE PAS SUBIR[2]».

2. Devises rassemblées du général Bigeard et du maréchal de Lattre.

TABLE

Impression réalisée sur CAMERON par
BRODARD ET TAUPIN
La Flèche

pour le compte des Éditions Grasset
61, rue des Saints-Pères, 75006 Paris
en octobre 1993

Imprimé en France
Dépôt légal : novembre 1993
N° d'édition : 9287 – N° d'impression : 1732 I-5
ISBN : 2-246-48801-X